Siegfried Garnweidner

Bergwanderungen
in den Bayerischen Alpen

55 neue Genusstouren für Entdecker

BRUCKMANN

Im Köllebachtal unter der Hochblasse

Inhalt

Bergeinsamkeit – gibt es sie noch? 6

Einleitung

Zur Tourenauswahl 7 • Tipps für die genussreiche Bergtour auf Entdecker-Routen 9 • Übersichtskarte 16/17 •

Die Touren

Allgäuer Alpen

1	Auf den Siplingerkopf, 1746 m	◑	18
2	Sanfte Tour zum Schnippenkopf, 1833 m	○	20
3	Einsam zum Einstein, 1866 m	◕	22
4	Über den Breitenberg, 1838 m, zum Aggenstein, 1985 m	◕	24

Ammergauer Alpen

5	Hinauf zum Hasentalkopf, 1797 m	◑	26
6	Auf die Hochblasse, 1989 m	◕	28
7	Waldweg zum Weitalpspitz, 1870 m	◑	30
8	Einsamer Hochwanner, 2085 m	◕	32
9	Unbekannter Schellkopf, 1832 m	○	34
10	Frieder, 2050 m, und Friederspitz, 2049 m	◑	37
11	Teufelstättkopf, 1758 m, und Laubeneck, 1758 m	◑	39
12	Überschreitung des Sonnenbergs, 1622 m	◑	42
13	Schafbevölkerter Hirschbichel, 1935 m	○	44

Wetterstein und Mieminger Kette

14	Wamperter Schrofen, 2520 m	●	46
15	Auf den Hochwannigkopf, 2234 m	◕	48
16	Predigtstein oder Predigtstuhl, 2234 m	◕	51
17	Auf die Bernadeinspitze, 2143 m	◕	54
18	Mit und ohne Rad ins Schachentor, 1873 m	○	56
19	Auf den Zirbelkopf, 1989 m	◕	58

Estergebirge

20	Steil hinauf zur Hohen Kisten, 1922 m	◕	62
21	Ölrain, 1542 m, und Hirschberg, 1659 m	○	65
22	Walchenseeblicke vom Simetsberg, 1840 m	○	68

Karwendel

23	Gumpenkarspitze, 2019 m, und Krapfenkarspitze, 2109 m	◑	70
24	Rundtour über die Torscharte, 1815 m	◑	73

Hinter der Staffelalm erhebt sich die herbstlich verschneite Kulisse des Karwendelgebirges.

25	Aussichtsreiches Schönalmjoch, 1986 m	○	75
26	Die Kotzenrunde, 1766 m	◕	77
27	Bike & Hike zur Eiskönigspitze, 1871 m	◕	80
28	Auf Almsteigen zum Demeljoch, 1923 m	○	82
29	Unscheinbarer Schulterberg, 1686 m	○	85
30	Markanter Kafell, 1906 m	◕	88
31	Rether Kopf, 1926m und Rether Joch, 1905 m	◕	91
	Rofan		
32	Kühn auf den Guffert, 2194 m	◕	94
33	Auf den Unnutz, 2078 m	○	97
34	Beherzter Sprung am Klobenjoch, 2041 m	○	100
35	Den Dalfazer Wänden aufs Haupt, 2233 m	◕	103
	Isarwinkel		
36	Gemütlich auf den Staffel, 1532 m	○	106
37	Schöner Weg auf den Fockenstein, 1564 m	◑	108

Zugspitz-Massiv

Mangfallgebirge

38	Einsam auf den Hirschberg, 1670 m	○	110
39	Aus der Valepp zum Stolzenberg, 1609 m	○	112
40	Zum Aiplspitz, 1759 m	◕	114
41	Wanderung zum Schweinsberg, 1514 m	○	116
42	Über Almen aufs Wildalpjoch, 1720 m	◑	118
43	Rotwand, 1884 m, und Hochmiesing, 1883 m	◕	121
44	Einsamer Auerspitz, 1811 m	○	123
45	Schönfeldjoch, 1776 m, und Wildenkarjoch, 1747 m	○	126
46	Überschreitung des Trainsjochs, 1708 m	◕	128
47	Auf den Großen Traithen, 1852 m	◑	131

Chiemgauer Alpen

48	Auf den Zinnenberg, 1565 m	◑	134
49	Hörndlwand, 1684 m, und Gurnwandkopf, 1691 m	◑	137
50	Auf zum Streicher, 1594 m	◑	140

Berchtesgadener Alpen

51	Geotop am Karkopf, 1738 m	○	143
52	Auf das Große Hundshorn, 1703 m	◑	146
53	Zum Wagendrischlhorn, 2251 m	◕	148
54	Hochkalter-Überschreitung, 2607 m	●	152
55	Zum Gipfel der Schärtenspitze, 2153 m	◕	155

Register 158
Impressum 160

Bergeinsamkeit – gibt es sie noch?

»Wer der Berge Einsamkeit
stört, indem er brüllt und schreit;
wer glaubt, er müsse lauthals johlen,
den soll doch gleich der Teufel holen!«

Zugegeben, recht charmant klingen diese Verse nicht gerade. Aber sie entspringen einer echt erlebten Stimmung, ja einer Wut, die ich auf der letzten Seite eines Gipfelbuchs ausgelassen habe, nachdem mir der Reim spontan eingefallen war. Damals stieg ich ausgerechnet in der Ferien-Hochsaison auf einen schnell erreichbaren Berggipfel, der natürlich hoffnungslos überlaufen war. Schon während des Aufstiegs tönte aus weitem Umkreis das Geschrei unzähliger Sommerfrischler, und das ärgerte nicht nur mich. Fest schwor ich, künftig bei Sonnenaufgang aufzubrechen und nur auf solche Gipfel zu steigen, die auch noch so etwas wie »Bergfrieden« erwarten lassen.

Und dann entdeckte ich viele einsame Touren. Wenn ich einen großen Teil davon in diesem Führer vorstelle, ernte ich nicht nur Lob. Verräter werden mich die einen schimpfen, obwohl sie wahrscheinlich keine der vorgestellten Routen kennen und die anderen freuen sich auf neue, stille Touren, abseits der Massenbewegung. »Allen recht getan, ist eine Kunst, die niemand kann.«

Mancher Wanderer glaubt, nur er hätte das Recht, in die einsameren Winkel der Bergwelt einzudringen und keinen anderen gehe seine Route etwas an. Fast scheint es, als würden solche Leute meinen, die Berge gehörten ihnen allein und wer etwas von ihren Routen preisgibt, wird gar als Heimatverräter abgestempelt. Trotzdem wage ich es hier, stille Routen aus den Bayerischen Hausbergen zu verraten. Nicht die wirklichen Geheimtipps, nur etwas ruhigere Routen, die nicht gar so oft begangen werden.

Ich wage diese Gratwanderung wie in den Bergen auch. Und ich bin sicher, dass keine einzige Route in diesem Führer steht, die dadurch zu einer übervölkerten Modetour wird.

Viele ruhige Bergtage, stille Routen, neue Erlebnisse, gute Erholung und stets eine wohlbehaltene Rückkehr ins Tal wünscht

Ihr

Zur Tourenauswahl

Der Titel »Bergwanderungen in den Bayerischen Alpen. 55 neue Genusstouren für Entdecker« lässt zu Recht viel erwarten. Mit den Bayerischen Alpen sind übrigens hier jene Berge gemeint, die vom weißblauen Freistaat schnell und bequem erreichbar sind. Viele liegen in Bayern, manche aber auch knapp jenseits der Grenze in der benachbarten Alpenrepublik Österreich.

Stille Pfade: Wir reden hier von stillen Routen, also von Wegen, die abseits der Bergtouristenströme auf die Gipfel führen und wieder herunter. Wenn möglich, sollen es sogar Rundtouren sein, also verschiedene Wege für den Auf- und den Abstieg. Nach solchen Routen muss man bei der Recherche lange suchen und ein pfadfinderisches Gespür entwickeln. Auch die genauesten Karten helfen nicht immer weiter. Sie veralten schnell, und nicht jeder Bergsturz oder andere fatale Naturereignisse werden sofort in den topografischen Werken nachgetragen. Weil gar mancher Steig im Nichts endete, bin ich bei der Suche nach dem rechten Weg häufig unverrichteter Dinge heimgekommen.

Am Südwandsteig (Wetterstein)

Auf alten Almwegen: Noch oft lassen sich Almwege finden, die nach Aufgabe der Alm oder wegen Straßenerschließung nicht mehr gebraucht werden. Diese Wege verlaufen vielfach durch malerische Landschaften und sind sehr geschickt angelegt, weil über sie das Vieh aufgetrieben wurde, das von größeren Steigungen oder absturzgefährdetem Gelände fern gehalten werden musste.

So schaut das ideale Wanderrevier aus. Abstieg über die Friederalm.

Jägersteige: Die alten Jäger- oder Wildschützensteige fallen verwegener aus. Die Waidmänner sind nämlich früher, als es für die Berufsjäger noch keine Suzukis und für die Jagdherren keine Mercedes-Geländewagen gab, zu Fuß auf die Pirsch gegangen. Und weil Wilderer und Jäger damals noch körperlich fit waren, durften die Pfade auch steil sein. Heute wird vom Auto aus gewildert oder auf breiten Forstautobahnen mit Motorkraft bis zum Hochsitz aufgefahren – und die alten Steige wachsen zu.

Wildpfade: Besonders über der Hochwaldgrenze, in der Latschenregion, wuchert das Krummholz über die Wege, und nicht jeder vermeintliche Pfad ist tatsächlich ein von Menschen geschaffener Weg. Gamswechsel in Latschengassen schauen oft sehr einladend aus und führen dann in Felsbereiche, in denen sich zwar Gämsen wohl fühlen, aber auf zwei Beinen laufende Bergfreunde durchaus Angstzustände bekommen können.

Einkehrmöglichkeiten: Im Tourenangebot gibt es auch bekannte und viel besuchte Berge, doch die vorgestellten Routen zu diesen Gipfeln bewegen sich auf ruhigen Wegen. Trotzdem lässt es sich nicht vermeiden, dass der Routenverlauf manchmal die Hauptwanderwege berührt, wo etwas mehr Trubel herrscht. An solchen Schnittstellen findet man Alpenvereinshütten oder andere Bergwirtschaften. Wer allerdings nach jeder Wanderstunde in einem anderen Berghaus einkehren will, bleibt besser auf den Touristenpfaden, die auf den Wanderkarten dick rot eingezeichnet sind. Dort stehen die »zünftigen« Bergwirtschaften und Jausenstationen, dort kommen viele Menschen hin, dort lohnt sich die Gastronomie. Auf unseren Routen muss man die Brotzeit oder Jause selber hinauftragen, denn für 20 Besucher im Jahr wird niemand eine Bergwirtschaft betreiben. Wer Glück hat, kommt allerdings auch auf den stillen Routen zu manch einsamer Alm, wo eine fesche Sennerin aus eigener Produktion ein Glas Milch, ein Stück Käse oder andere Schmankerl anbieten kann. Ja, so was gibt es noch!

Tipps für die genussreiche Bergtour auf Entdecker-Routen

Bergsteiger, die sich in abgeschiedenere Gegenden wagen, müssen einige Regeln unbedingt beachten. Sie sind immer individuell zu bewerten, abhängig von Schwierigkeit und Länge der Tour, Höhe, Jahreszeit und persönlicher Leistungsfähigkeit.

Ausrüstung

Die **Bekleidung** spielt eine wichtige Rolle. Funktionswäsche ist heute Standard. Sie ist in Verbindung mit Fleece-Hemden oder -Pullovern feuchtigkeitsdurchlässig und verhindert das »Schmoren im eigenen Saft«. Trotzdem sollte man ein zweites Unterhemd zum Umziehen mitnehmen. Die Berghose sollte Wind abweisend sein und über praktische Hosentaschen für Kleinutensilien und die Tourenkarte verfügen. Zum Standard gehört auch eine Fleece-Jacke, am besten ein Windstopper-Modell. So eine Jacke hält warm, trocknet schnell, wenn sie durchgeschwitzt ist, und sie reicht sogar bei Nebel oder Nieselregen kurzzeitig als Überbekleidung. Wird das Wetter schlechter, zieht man einen Anorak über. Die meisten teuren Modelle sind mit einer Membran ausgestattet, deren Name mit »-tex« endet.

Die Sonne durchdringt den Morgennebel und ein strahlender Wandertag beginnt.

Handschuhe und Mütze sollte man auch im Hochsommer mitnehmen. Auch hier bietet sich Fleece-Material an. Und dann gibt es noch den Buff. Diese schlauchförmigen Kopftücher, die man mit allerlei Verrenkungen zu den virtuosesten Formen knüpfen kann, mag mancher als Modeerscheinung abtun. Auch wenn sie dem Bergsteiger das Aussehen eines Seeräubers verleihen, sind sie praktisch. Das Material hält Sonnenstrahlen ab und ein wenig warm, ohne dass sich die Hitze staut. Und für die kälteren Zeiten gibt es sogar Modelle mit warmem Fleece-Einsatz.

Und wenn das Wetter schön und heiß ist? In solchen Zeiten tragen viele Bergsteiger kurze Hosen und ein luftiges T-Shirt. Dagegen gibt es nichts einzuwenden, wenn im Rucksack warme und wetterschützende Kleidung steckt. Für den Schutz der Augen vor Wind und den schädigenden UV-Strahlen (v.a. wenn Schnee liegt), setzt der Bergsteiger eine Gletscher- oder für UV-Strahlen undurchlässige Brille auf, die auch seitlich gut abdichtet. Für Brillenträger gibt es Modelle, die über geschliffene Gläser verfügen und je nach Licht durch eine Blende (für Nebel, Sonne u.a.) ergänzt werden. Für den Hautschutz verwendet man eine kräftige Sonnencreme. Mit dem Sonnenstand muss auch der Schutzfaktor steigen. Glitzernder Schnee reflektiert die UV-Strahlung zusätzlich. Schutzfaktoren von 30 und mehr sind also kein Luxus. Auch die Lippen müssen mit einer Feuchtigkeitscreme mit hohem Lichtschutzfaktor mehrmals täglich behandelt werden.

Fehlen noch die richtigen Socken, die mit den passenden Bergstiefeln eine Einheit bilden. Für die meisten Touren dieses Führers eignen sich Trekkingstiefel, sofern sie eine gewisse Seitenstabilität besitzen. Wichtig ist dabei eine dämpfende Zwischensohle. So bleiben die Gelenke bis ins Alter fit.

Am Hirschberg, über der Rauheckalm

Wegkreuz

Die **alpine Ausrüstung** des Bergwanderers hängt von der Wahl der Tour ab. Skistöcke mit kleinen Tellern gehören zum Standard. Sie entlasten die Gelenke an Hüfte und Knie und verlagern das Gewicht auf die Schultergelenke.

Kompass und Höhenmesser sind gerade auf den stillen Touren unentbehrliche Begleiter – aber man muss auch mit ihnen umgehen können! Ein Mobilfunktelefon (Handy) sollte auch im Rucksack sein. Es hat schon mehrmals dazu beigetragen, Leben zu retten. Allerdings besteht nicht in allen Berggegenden Funkkontakt. Aus eigener Erfahrung rate ich dazu, rote Signalraketen mitzunehmen (gibt es im Waffengeschäft). Nur so kann man einem Rettungshubschrauber im unerschlossenen Berggelände zuverlässig seine Position mitteilen. Das gilt natürlich auch für andere Rettungsmannschaften. Eine gute Karte, Führerliteratur, ein Biwaksack und ein Erste-Hilfe-Set sind auf einsamen Touren eine Selbstverständlichkeit. Eine Trillerpfeife bringt wenig: Der Schall wird nicht sehr weit getragen, und auf einsamen Routen ist es ziemlich sinnlos.

Selbst wenn auf den Routen Berghütten liegen, sind diese außerhalb der Hochsaison oftmals geschlossen. Oder sie haben ihren Ruhetag. Man braucht also ausreichend zu essen und zu trinken. Kräftige Energiespender sind Müsli- oder Früchteriegel, und auch Obst eignet sich gut, den Blutzuckerspiegel rasch wieder anzuheben. Daneben braucht jeder Bergsteiger eine kräftige Brotzeit. Die Getränke sollte man sorgfältig auswählen. Alkohol eignet sich nicht. Kohlensäurehaltige Getränke sind besonders Schweiß treibend. Deshalb sollten Bergwanderer, die zum Transpirieren neigen, besser auf derartige Getränke verzichten. Viele Wanderer nehmen am liebsten heißen Tee mit. Im Hochsommer und auf langen Touren eignen sich isotonische Getränke.

Die Bäckeralm lädt zu angenehmer Rast, hinten der Wallberg.

Das Wetter

Bei normalen Wetterverhältnissen wird es mit zunehmender Höhe kälter. Der Unterschied macht etwa ½ bis 1° Celsius pro 100 Höhenmeter aus. Bei Föhn fällt die Temperaturdifferenz deutlich größer aus. Der Föhn ist in der Höhe eisig kalt. Das gehört zu seinem Wesen. Und der Sturm wird auch immer kräftiger, je mehr man sich den Gipfelkämmen nähert. Bei Inversionswetter, wie es vor allem im Herbst auftritt, wird es oben immer wärmer, während in den Tallagen – meist von einer dicken Nebelschicht getrennt – Kaltluftseen für unangenehmes Klima sorgen.

Das Gewitterrisiko ist im sommerlichen Gebirge hoch. Die Unwetter kommen meist am Nachmittag, so dass nur der Vormittag für sichere Bergwanderungen erhalten bleibt. Blitz und Donner können aber auch schon bei Tagesanbruch eine Bergtour verhindern. Nach Möglichkeit sollte man früh losgehen. Die Hitze bricht erst am Nachmittag herein, und am Morgen, wenn die Natur aus ihrem Schlaf erwacht, ist es sowieso am schönsten im Gebirge.

Wetterstürze mit Schneefall bis in die Tallagen kann es im Gebirge selbst im Hochsommer geben. Kaltfronten werden aber vom Wetterbericht vorhergesagt, und keiner muss davon überrascht sein. Es gehört also zur Pflicht, sich vor jeder Bergtour über das Wetter zu erkundigen.

Wetterbericht

in Deutschland: 0190/11 60-11
in Österreich: 0900/91 15 66-80
www.alpenverein.de
www.alpenverein.at
www.bergsteiger.de

PIKTOGRAMME ERLEICHTERN DEN ÜBERBLICK:

Schwierigkeitsgrade:
- leicht
- mittel
- anspruchsvoll
- schwierig

- Weglänge
- Gehzeit
- Höhenunterschied

Gefahren

Ohne Risiko kann man nicht in die Berge gehen. Das weiß jeder Bergfreund, der sich in die Freiheit der Berge begibt. Und dies gilt besonders für die stillen Routen. Wo kaum andere Bergwanderer hinkommen, ist man auf sich selbst bzw. auf seine Kameraden angewiesen. Deshalb rate ich dringend davon ab, die Routen dieses Führers allein zu begehen.

Bei den Routenvorschlägen ist zwar auf die typische Risiken hingewiesen, doch hängt auch sehr viel von der jeweiligen Situation ab. Auf die folgenden Gefahren ist besonders zu achten:

Gefahr	Abhilfe
Wetter	Wetterbericht beachten, ggf. umkehren
Abrutschen auf steilen Schneefeldern	Der Jahreszeit angepasste Touren auswählen. Mit den Stiefelspitzen Tritte in den Schnee schlagen. Grödl (oder Steigeisen) verwenden. Im Falle eines Sturzes sofort mit dem Gesicht zum Hang drehen, mit Zehenspitzen und Fingern bremsen.
Blitzschlag	Bei Gewittergefahr umkehren, Gipfel und Grate meiden, Drahtseile nicht berühren, Wasserläufe meiden, nicht unter Felsvorsprüngen unterstellen, Mulden aufsuchen, in die Hocke gehen, Beine zusammenhalten.
Steinschlag	Nicht bei nassem Wetter in gefährdete Bereiche gehen. Auf Wild (Gämsen) und weiter oben gehende Bergsteiger achten. Selbst sauber gehen, ohne Steine loszutreten. In Gefahrenbereichen Steinschlaghelm aufsetzen, zügig weitergehen, nicht stehen bleiben. Kommt der Steinschlag auf einen zu: Gesicht zum Hang drehen, die Steinbrocken beobachten und ausweichen. Wer sich mit dem Rücken zum Hang dreht, sieht die Gefahr nicht und bekommt die Felsbrocken ins Kreuz, Genick oder auf den Hinterkopf.
Wechten	Niemals bis auf die Scheitelstrecke von Graten gehen, wenn diese überwechtet sind. Vorsicht auf Gipfeln.
Absturzgefahr	Felsige oder vereiste Anstiege nur mit entsprechender Ausrüstung (Steigeisen, Eispickel, Seilsicherung) durchführen. Lieber auf einen ausgesetzten Gipfelanstieg verzichten als herunterfallen.
Überanstrengung	Pausen einlegen, Tour richtig auswählen, notfalls abbrechen. Einkalkulieren, dass auch der Abstieg viel Kraft kosten kann. Tourenauswahl nach dem Niveau des schwächsten Teilnehmers.

Alpines Notsignal/Notruf

Falls es doch zu einem Unfall kommen sollte, sollten Sie möglichst schnell Hilfe holen mittels alpinem Notsignal oder einer der Notrufnummern.

Das alpine Notsignal kann mit sichtbaren (Tuch, Lampe usw.) oder hörbaren (lautes Rufen, Pfeifen) Zeichen gegeben werden.

Notsignal: 6 Mal pro Minute in regelmäßigen Abständen ein Signal – 1 Minute Pause – dann so lange wiederholen bis eine Antwort erfolgt.

Antwortsignal der Rettungsmannschaften: 3 Mal pro Minute in regelmäßigen Abständen ein Signal – 1 Minute Pause – Wiederholung

Europäische Notrufnummer: 112 (mit GSM-Handys auch ohne SIM-Karte wählbar)

Notrufnummern der Bergrettung:
Bayern: 19222, Österreich: 140

Naturverbundene Wanderer haben auch dafür ein Auge: Kleine Glockenblume (Campanula cochleari-folia) am Wegesrand

Unfallmeldung

WER	meldet den Unfall (Name, Telefonnummer)?
WO	ist das Unfallgebiet? Gibt es Flughindernisse (z.B. Freileitungen, Materialseilbahnen usw.)?
WAS	ist geschehen?
WIE VIELE	Personen brauchen Hilfe?
WETTER	im Unfallgebiet (Sicht, Nebel, Wind usw.)?

Beim Hubschraubereinsatz

- geeigneten Landeplatz markieren (Rucksack, Steine, keine aufragenden Gegenstände), lose Gegenstände sichern
- auf sich aufmerksam machen (z.B. mit Leuchtrakete)
- Hubschrauber einweisen:
  - nur durch eine Person
  - mit dem Rücken zum Wind
  - stehen bleiben, auch wenn der Hubschrauber sehr nahe kommt
- den Anweisungen der Besatzung folgen

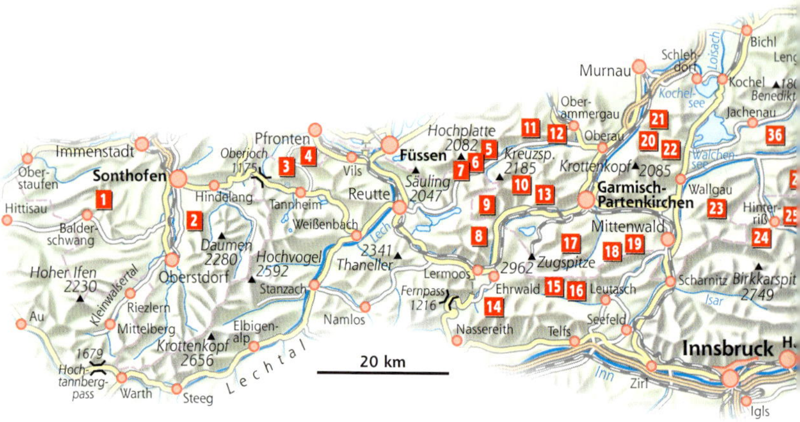

Allgäuer Alpen

1 Auf den Siplingerkopf, 1746 m

2 Sanfte Tour zum Schnippenkopf, 1833 m

3 Einsam zum Einstein, 1866 m

4 Über den Breitenberg, 1838 m zum Aggenstein, 1985 m,

Ammergauer Alpen

5 Hinauf zum Hasentalkopf, 1797 m

6 Auf die Hochblasse, 1989 m

7 Waldweg zum Weitalpspitz, 1870 m

8 Einsamer Hochwanner, 2085 m

9 Unbekannter Schellkopf, 1832 m

10 Frieder, 2053 m, und Friederspitz, 2049 m

11 Teufelstättkopf, 1750 m, und Laubeneck, 1758 m

12 Überschreitung des Sonnenbergs, 1622 m

13 Schafbevölkerter Hirschbichel, 1935 m

Wetterstein und Mieminger Kette

14 Wamperter Schrofen, 2520 m

15 Auf den Hochwannigkopf, 2234 m

16 Predigtstein oder Predigtstuhl, 2234 m

17 Auf die Bernadeinspitze, 2143 m

18 Mit und ohne Rad ins Schachentor, 1873 m

19 Auf den Zirbelkopf, 1989 m

Estergebirge

20 Steil hinauf zur Hohen Kisten, 1922 m

21 Ölrain, 1542 m, und Hirschberg, 1659 m

22 Walchenseeblicke vom Simetsberg, 1840 m

Karwendel

23 Gumpenkarspitze, 2019 m, und Krapfenkarspitze, 2109 m

24 Rundtour über die Torscharte, 1815 m

25 Aussichtsreiches Schönalmjoch, 1986 m

26 Die Kotzenrunde, 1766 m

27 Bike & Hike zur Eiskönigspitze, 1871 m

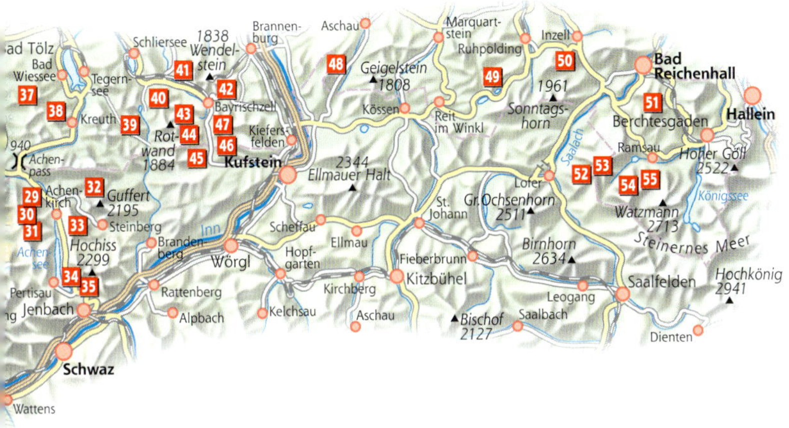

28 Auf Almsteigen zum Demeljoch, 1923 m

29 Unscheinbarer Schulterberg, 1686 m

30 Markanter Kafell, 1906 m

31 Rether Kopf, 1926 m, und Rether Joch, 1905 m

Rofan

32 Kühn auf den Guffert, 2194 m

33 Auf den Unnutz, 2078 m

34 Beherzter Sprung am Klobenjoch, 2041 m

35 Den Dalfazer Wänden aufs Haupt, 2233 m

Isarwinkel

36 Gemütlich auf den Staffel, 1532 m

37 Schöner Weg auf den Fockenstein, 1564 m

Mangfallgebirge

38 Einsam auf den Hirschberg, 1670 m

39 Aus der Valepp zum Stolzenberg, 1609 m

40 Zum Aiplspitz, 1759 m

41 Wanderung zum Schweinsberg, 1514 m

42 Über Almen aufs Wildalpjoch, 1720 m

43 Rotwand, 1884 m, und Hochmiesing, 1883 m

44 Einsamer Auerspitz, 1811 m

45 Schönfeldjoch, 1776 m, und Wildenkarjoch, 1747 m

46 Überschreitung des Trainsjochs, 1708 m

47 Auf den Großen Traithen, 1852 m

Chiemgauer Alpen

48 Auf den Zinnenberg, 1565 m

49 Hörndlwand, 1684 m, und Gurnwandkopf, 1691 m

50 Auf zum Streicher, 1594 m

Berchtesgadener Alpen

51 Geotop am Karkopf, 1738 m

52 Auf das Große Hundshorn, 1703 m

53 Zum Wagendrischlhorn, 2251 m

54 Hochkalter-Überschreitung, 2607 m

55 Zum Gipfel der Schärtenspitze, 2153 m

1 Auf den Siplingerkopf, 1746 m

Zu den Siplinger Nadeln

mittel

4 Std.

700 Höhenmeter

Schwierigkeit: Beim Abstieg sind auf der vorgeschlagenen Route an zwei kurzen Stellen Trittsicherheit und Schwindelfreiheit erforderlich. Das gilt vornehmlich bei Nässe, wenn der Boden lehmig ist. Ansonsten ist die Wanderung unschwierig.
Beste Jahreszeit: Vom Frühsommer bis zum ersten ergiebigen Schneefall.
Charakter: Landschaftlich ausnehmend schöne, kurze und nicht besonders anstrengende Rundwanderung.
Talort: Gunzesrieder Säge (940 m).
Ausgangspunkt: Parkplatz bei der Hinteren Aualm im Gunzesrieder Tal (1052 m).
Anfahrt: Mit Pkw oder Bus aus dem Oberallgäu zur Gunzesrieder Säge und auf Mautstraße zum Ausgangspunkt.
Einkehr/Übernachtung: In Gunzesried/Säge.
Karten: Topografische Karte des Bayer. Landesvermessungsamtes, 1:50 000, Blatt Allgäuer Alpen oder Kompass-Wanderkarte, 1:50 000, Blatt 3 (Allgäuer Alpen – Kleinwalsertal).

Hoch über dem Gunzesrieder Tal findet sich mit dem Siplingerkopf ein vergleichsweise bescheidenes, landschaftlich aber einzigartiges Gipfelziel. Man hat schon während des Aufstiegs, etwa ab Höhe der Siplinger Alpe, interessante Ausblicke. Und die Gipfelrundschau auf die gesamten Allgäuer Alpen mit der benachbarten Nagelfluhkette steht außer Konkurrenz. Augenfällig gibt sich der immer wieder aufgeschlossene Nagelfluhfels, der sich zum Teil in bizarren Gebilden und Felsennadeln zeigt.

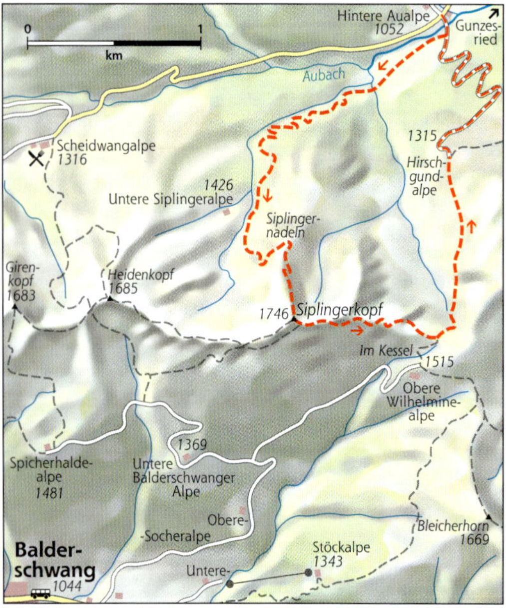

Tipp

Interessant ist der Nagelfluh, ein Felskonglomerat, das durch das Zusammenbacken von Geröll aus früheren Eiszeiten entstanden ist.

1

Aufstieg: Am Parkplatz wird die Mautstraße gegen Süden verlassen und man biegt schon bald rechts ab, um neben dem Aubach nach Südwesten relativ eben dahinzugehen. Der Weg dreht etwas links ab, quert auf einem Steg einen Wildbach und führt in den Wald hinein. Im schönen Laubwald schlängelt sich der breite Pfad über einer wilden Klamm den Berg hinauf. Dann geht es an markante Nagelfluhwände heran und auf etwa 1400 Meter Höhe aus dem Wald heraus. Anschließend steigt der Weg über die Siplinger Alpe nach Süden an und führt zu einer kleinen Hütte. Kurz oberhalb dieser Hütte schwenkt er nach links (gegen Nordosten) ab und steigt auf markante Nagelfluhfelsenzinnen, die Siplinger Nadeln, zu. Man geht an diesen imposanten Gebilden vorbei und östlich des Gratrückens gegen Süden weiter. Bald darauf wird die Grathöhe erreicht, der man bis zum Gipfelkreuz folgt.

Am Siplingerkopf

Abstieg: Zuerst geht man vom Gipfel einen schmalen, markierten Pfad gegen Osten hinunter. Er verläuft in lichtem Wald über einen Rücken und fällt am oberen Rand einer steilen Rinne stark ab. Dort muss man, vor allem bei feuchtem Wetter, wegen des lehmigen Untergrunds recht vorsichtig absteigen, sonst landet man unwillkürlich auf dem Hinterteil. Im weiteren Verlauf wird der Abstieg gemütlicher und man kann wesentlich entkrampfter weitergehen. Am Rücken oberhalb der Oberen-Wilhelmine-Alpe zweigt die Route links ab und verläuft durch Erlengebüsch über den steilen Nordhang in Kehren talwärts. Der markierte Steig führt an einer verfallenen Hütte vorbei und zur Hirschgundalpe, wo ein Fahrweg erreicht wird. Auf ihm geht es in Kehren über den Schwarzenberg durch dichten Wald zum Ausgangspunkt zurück.

2 Sanfte Tour zum Schnippenkopf, 1833 m

Über die Sonnenköpfe

leicht
4:30 Std.
830 Höhenmeter

Schwierigkeit: Leicht, keinerlei Schwierigkeiten.
Beste Jahreszeit: Frühsommer bis später Herbst.
Charakter: Kurzweilige Rundwanderung mit mehreren aussichtsreichen Gipfeln im schönen Oberallgäu.
Talort: Hinang (823 m).
Ausgangspunkt: Gasthaus Sonnenklause (1062 m), auf steiler Asphaltstraße (mit dem Auto) ab Hinang zu erreichen.
Anfahrt: Linienbusverbindung ab Oberstdorf bzw. Sonthofen bis Hinang; nächste Bahnhöfe in Altstädten und Fischen.
Einkehr/Übernachtung: Gasthaus Sonnenklause am Ausgangspunkt.
Karten: Topografische Karte des Bayer. Landesvermessungsamtes, 1:50 000, Blatt Allgäuer Alpen oder Kompass-Wanderkarte, 1:50 000, Blatt 3 (Allgäuer Alpen – Kleinwalsertal).

Tipp: Diese Wanderung eignet sich gut für Kinder ab ca. 11 Jahren.

Bevor sich die Gipfel auf der Ostseite des Oberallgäus zu ihren wilden Felsenbergen rund um das Nebelhorn aufschwingen, haben sie ein paar lieblichere Erhebungen vorgelagert. Dazu gehören die Sonnenköpfe, die von allen drei Gipfeln Sonnenkopf, Heidelbeerkopf und Schnippenkopf großartige Ausblicke ins Oberallgäu und auf die benachbarten Felsenberge der Allgäuer Alpen gewähren.

Aufstieg: Vom Gasthaus Sonnenklause auf der Asphaltstraße 5 Minuten gegen Osten am Waldrand hinauf, bei der Wegverzweigung rechts abbiegen, über den Bach und in den Wald. Bei der nächsten Verzweigung in einer Waldlichtung links halten und nach einer Viertelstunde Gehzeit an beschilderter Stelle links auf eine Wegspur abbiegen. Auf ihr durch lichten Wald hinauf, eine

Auf der Schnippe (hinten Sonnenkopf)

2

Fahrstraße queren und am markierten Pfad im Wald steil aufwärts. Später in einer Lichtung dahin und zu einer groben, steilen Fahrspur. Anfangs auf ihr, später wieder auf einem Bergweg immer steiler die Lichtung hinauf und nach links in den Wald abdrehen. Auf eine Rippe hinüber und über sie durch lichten Wald, an einer kleinen Hütte vorbei und zur Grathöhe »Auf der Schnippe« (ca. 1640 m). Dort rechts halten und über den breiten Rücken, am Wegkreuz vorbei, gemütlich bis zum Sonnenkopf (1712 m) aufsteigen. Vom ersten Gipfel in der gleichen Richtung (gegen Süden) in geringem Gefälle weiter und dann recht forsch zum Heidelbeerkopf (1767 m) hinauf. Auch über ihn gegen Süden weiter und knapp 50 Höhenmeter absteigen, ehe sich der Weg zum Hauptgipfel, dem Schnippenkopf, aufschwingt.

Abstieg: Vom Schnippenkopf über den licht bewaldeten, schönen Gratrücken nach Süden zur Falkenalpe (1680 m). Dort rechts abbiegen, dem Wegweiser nach Schöllang folgen und gegen Westen über eine Wiese eben dahingehen, dann im Wald nach Norden absteigen. Das Weglein fällt zur Entschenalpe ab und mündet auf eine steile, asphaltierte Straße. Auf ihr gegen Norden absteigen, auf etwa 1200 Meter Höhe in den Wald hinein und bei der scharfen Linkskehre an beschilderter Stelle auf den Waldweg nach Hinang – Sonnenklause abbiegen. Er stößt auf etwa 1130 Meter Höhe auf eine Fahrstraße. Auf ihr kurz hinab, bei der Verzweigung geradeaus und am Waldpfad zum Ausgangspunkt zurück.

3 Einsam zum Einstein, 1866 m

Auf der Nordseite von Fallmühle herauf

anspruchsvoll

4 Std.

870 Höhenmeter

Schwierigkeit: Zwei Stellen im Anstieg zum Gipfelkamm und die letzten Meter zum Kreuz verlangen Trittsicherheit und Schwindelfreiheit. Der Rest ist einfach, aber steil.
Beste Jahreszeit: Sommer und Herbst (nicht bei Schneelage).
Charakter: Oberhalb des Forsthauses Einsteinhaus landschaftlich prächtige Tour mit umfassendem Gipfelblick.
Talort: Pfronten im Allgäu (853 m).
Ausgangspunkt: Bushaltestelle »deutsch-österreichische Grenze«, wo früher das Zollhaus Fallmühle stand (1010 m; großer Parkplatz).
Anfahrt: Grundsätzlich besteht Busverbindung mit der OVG-Linie 79 (Füssen–Vilsalpsee). Doch fährt nur je ein Bus pro Richtung am späten Vormittag und am Nachmittag. Man ist also auf das Auto angewiesen.
Einkehr/Übernachtung: Leider keine Möglichkeit.
Karten: Topografische Karte des Bayer. Landesvermessungsamtes, 1:50 000, Blatt Allgäuer Alpen oder Kompass-Wanderkarte, 1:50 000, Blatt 4 (Füssen – Außerfern).

Der Einstein

Nein, mit dem berühmten Namensvetter, der mit Vornamen Albert geheißen hat, hat dieser Berg nichts zu tun. Der Gipfel besteht auch nicht nur aus einem Stein – also kann man sich auf den ersten Blick den eigentümlichen Namen nicht erklären. Bestiegen wird der Berg normalerweise auf der Südseite, also von Tannheim herauf. Dieser Anstieg überwindet deutlich weniger Höhenmeter, ist kaum steil, sonnig und überlaufen. Wer aber die Einsamkeit sucht, findet diese auf der hier vorgestellten Nordroute.

Aufstieg: Von der Bushaltestelle ein paar Meter nach Westen und nach links (Süden) abbiegen. Über die Wiese zum Waldrand hinüber und mächtig steil hinauf. Bald durch Waldlichtungen, erst in weit ausholenden, später in engen Kehren zur breiten Forststraße (ca. 1200 m). Dort rechts abdrehen, etwa 150 Meter weit dem Fahrweg folgen und nach links auf eine weitere Forststraße abzweigen. Durch zwei weite Straßenkehren und in einem ebenen Straßenstück an beschilderter Stelle auf eine Fahrspur abzweigen. Sie verjüngt sich bald zu einem Bergpfad, taucht in den Wald ein und führt zu

Tipp

Diese Tour eignet sich sehr gut für schneidige Kinder ab 10 Jahren (die Kleineren an den exponierten Stellen ans Seil nehmen!).

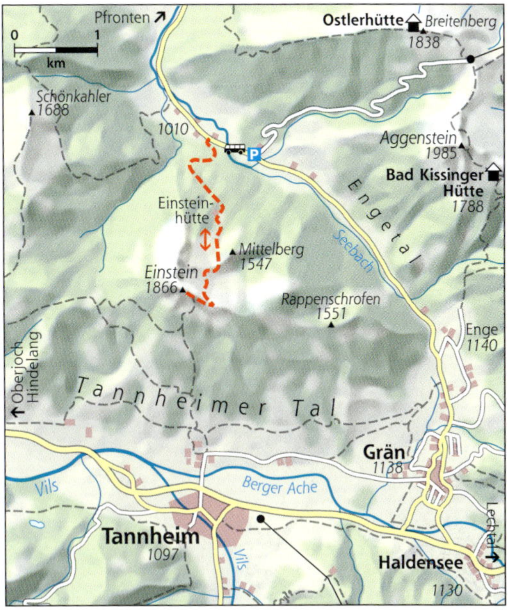

der malerisch gelegenen Jagdhütte Einsteinhaus (ca. 1325 m).

An der Hütte links vorbei und gegen Süden auf die steile Flanke unter dem Gipfelkamm zu. In Kehren durch die Flanke steil hinauf und dann links abknickend den Hang zu einem Felsdurchschlupf queren. Beherzt über eine kurze, relativ glatte und haltlose Felsenplatte, dann wieder einfacher auf einen steilen Rücken hinauf und über ihn (rechts haltend) steil, das letzte Stück an einem wenig Vertrauen erweckenden, dünnen Drahtseil zur Grathöhe hinauf. Auf der Schneide rechts halten, über sie etwas auf und ab, zur Wegverzweigung und am guten Weg, die letzten Meter wieder über Felsen zum aussichtsreichen Gipfel hinauf.

Abstieg: Entlang der Aufstiegsroute.

Gipfelrast am Einstein, vor den Allgäuer Alpen

Über den Breitenberg, 1838 m, zum Aggenstein, 1985 m

4

Vom Wirtshaus Fallmühle auf einsamen Wegen zum beliebten Seilbahngipfel

anspruchsvoll

7 Std.

1240 Höhenmeter

Schwierigkeit: Der Gipfelanstieg zum Aggenstein ist zuletzt klettersteigartig ausgebaut. Er verlangt Trittsicherheit und Schwindelfreiheit. Vorsicht auf Steinschlag durch weiter oben Gehende! Der Rest der Route ist lang, streckenweise steil, aber nicht schwierig.
Beste Jahreszeit: Sommer und Herbst, nicht bei Schneelage.
Charakter: Als Tagestour sehr lang und anstrengend. Wegen Seilbahnnähe und der Nähe zur Bad Kissinger Hütte in Gipfelnähe sehr stark frequentiert. Unbedingt früh aufbrechen.
Talort: Pfronten im Allgäu (882 m).
Ausgangspunkt: Fallmühle (928 m).
Anfahrt: Busverbindung nach Fallmühle ab Bahnhof Pfronten. Man reist ab Tannheim oder Pfronten besser mit dem eigenen Auto an, weil der Bus nur recht selten verkehrt.
Einkehr/Übernachtung: Im Gasthaus Fallmühle am Ausgangspunkt und in der Ostlerhütte auf dem Gipfel des Breitenbergs (1838 m), ganzjährig geöffnet.
Karten: Topografische Karte des Bayer. Landesvermessungsamtes, 1:50 000, Blatt Allgäuer Alpen oder Kompass-Wanderkarte, 1:50 000, Blatt 4 (Füssen – Außerfern).

Bis zum Unteren Breitenberg fährt von Pfronten im Allgäu die Hochalmbahn herauf, und sie »schaufelt« Wanderer in Massen zum Berg. Wer allein auf dem markanten Aggenstein sein möchte, muss also enorm früh aufbrechen, denn der hier geschilderte Anstieg ist gigantisch weit. Ich bin damals im Hochsommer um 5 Uhr in der Früh losgegangen, war noch lange vor der Seilbahn am Berg, aber mit den Wanderern, die von der Bad Kissinger Hütte in weniger als einer Stunde

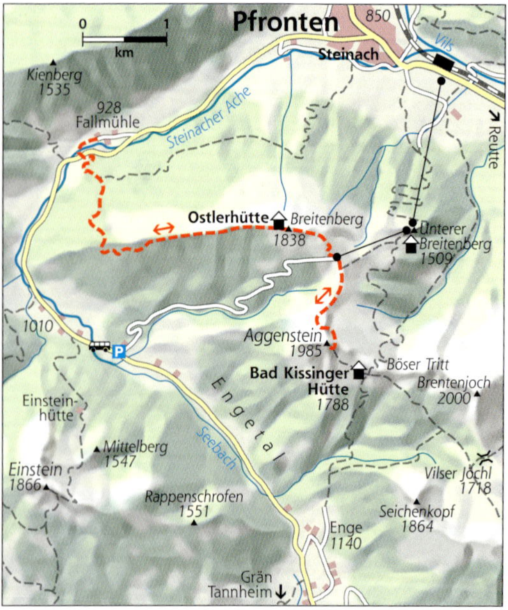

Tipp

Vom Gipfel ist es nicht weit zur Bad Kissinger Hütte, wo man gut einkehren und übernachten kann.

4

heraufgekommen waren, hatte ich nicht gerechnet. Die Masse sind immer die anderen, aber was soll's ...

Aufstieg: Vom Wirtshaus Fallmühle am Fahrweg nach Südwesten und gleich hinter der Brücke über die Steinacher Achen links auf einen steilen Fahrweg abzweigen. Auf ihm aus dem Wald heraus und zur Autostraße. Dort links halten und am Fahrbahnrand knapp 100 Meter weit abwärts, bis nach rechts ein asphaltiertes Sträßchen in den Wald abzweigt. Auf ihm zum beschilderten Weg zur Ostlerhütte (Breitenberg) hinauf. Auf ihm weiter, nochmals kurz auf den Fahrweg, dem man ein paar Meter nach rechts folgt, um dann wieder nach links auf einen Wurzelweg abzubiegen. Er steigt nun im Wald lange steil gegen Süden an und dreht auf der Höhe von etwa 1500 Meter rechts ab, um über den nach links steil abbrechenden Waldrücken weiterzuführen. Meist verläuft der Bergpfad knapp rechts der Grathöhe, bis er schließlich die Ostlerhütte und das Gipfelkreuz am Breitenberg erreicht (1:30–2 Std.). Vom ersten Gipfelziel am sehr breiten, aber recht steilen Schotterweg anfangs gegen Osten, dann nach Südosten zur Bergstation des Skilifts hinab und gegen Süden weiter in den Sattel zwischen Breitenberg und Aggenstein. Nun auf einen grünen Gratausläufer nördlich des Aggensteingipfels zu und über ihn in die so genannte »Lange Rinne« hinein. In vielen Kehren geht es nun am steilen, stellenweise mit Drahtseil gesicherten Steig stramm zur Gratscharte östlich des Felsengipfels hinauf. Dort rechts abdrehen und auf den kurzen, aber zackigen Gipfelsteig zu. Mit Hilfe von soliden Eisenketten über die schräge Felsenflanke ein bisschen luftig von Süden her hinauf zum zweigeteilten Gipfel.

Der Aggenstein

Abstieg: Entlang der Aufstiegsroute.

5 Hinauf zum Hasentalkopf, 1797 m

Durch das Sägertal

mittel

4:45 Std.

870 Höhenmeter

Schwierigkeit: Beim Übergang vom Scheinbergjoch zum Gipfel braucht man Trittsicherheit und Schwindelfreiheit. Deutlich anspruchsvoller wäre übrigens der Übergang zum Vorderscheinberg, aber der ist nur optional.
Beste Jahreszeit: Frühsommer; aber auch bis zum späten Herbst lohnend.
Charakter: Oberhalb dem Sägertal wunderschöne Tour. Relativ ruhig, aber nicht einsam. Schöne Gipfelrundschau bis in die Allgäuer Alpen. Durch das Sägertal fährt man sinnvollerweise mit einem Mountainbike auf (bis zu 1 Std. Zeitersparnis).
Talort: Linderhof (945 m).
Ausgangspunkt: Sägertalparkplatz im Graswangtal (960 m).
Anfahrt: Von Oberammergau oder Oberau (über Ettal) ins Graswangtal und bis zum Ausgangspunkt.
Einkehr/Übernachtung: Direkt an der Route keine Möglichkeit. Die Kenzenhütte wäre aber mit einem gut halbstündigen Abstieg ab dem Bäckenalmsattel erreichbar.
Karten: Topografische Karte des Bayer. Landesvermessungsamtes, 1:50 000, Blatt Werdenfelser Land oder Kompass-Wanderkarte, 1:35 000, Blatt 5 (Oberammergau und Ammertal).

Zusammen mit dem recht ausgesetzten Vorderscheinberg (1827 m) lassen sich auf dieser prächtigen Rundtour zwei Gipfel besteigen. Die Gegend rund um den Hasentalkopf ist einzigartig. Und auf den Gipfeln, vornehmlich an der Kesselwand, springen die Gämsen grad so herum, dass es eine wahre Freude ist. Unten im Kessel liegt ein stiller See, und wenn im Juni die Alpenrosen blühen, ist es nirgendwo auf der Welt schöner …

Der Hasentalkopf über dem Scheinbergjoch

Aufstieg: Diese Tour geht recht monoton los. Man muss nämlich erst einmal das lange Sägertal hinauf, das im August 2002 nach starken Regenfällen ziemlich verwüstet war. Die Straße wurde aber schnell wieder instand gesetzt. Bei der Einmündung des Hasentalbachs wird das Sträßchen schmal und grimmig steil. Man stellt also dort vernünftigerweise das Bike ab oder plagt sich noch mit dem Stahlross bis zur Wegabzweigung ins Lösertal hinauf. Dort aber ist mit dem Rad endgültig Schluss. Das Sägertal wird zu Fuß auf einem schönen Wanderweg verlassen, der fast eben nach links (gegen Süden) durch den Wald führt und den Hasentalgraben quert. Dann geht es in einem weiten Rechtsbogen ins Lösertalmoos hinein,

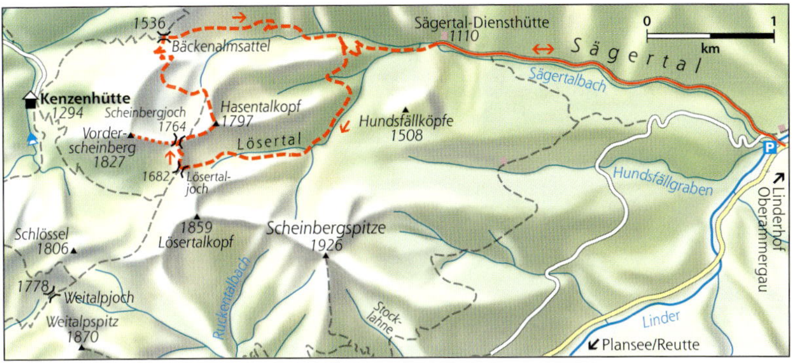

aus dem man schön zu den steilen Nordhängen der Scheinbergspitze aufblicken kann.

Der Bergweg schwenkt am Waldrand etwas nach rechts und steigt relativ forsch gegen Westen ins Lösertaljoch (1682 m) an. Im Joch zweigt man nun rechts ab und folgt dem Bergweg ziemlich steil nach Norden ins Scheinbergjoch (1764 m). Wer fit ist und vor steilen, ausgesetzten Hängen keine Angst hat, kann einen pfiffigen Abstecher gegen Westen zum Vorderscheinberg (1827 m) wagen. Oder man geht durch das Joch, hält sich aber gleich rechts, um in Gratnähe einigermaßen luftig nach Nordosten mehrmals auf und ab weiterzugehen, bis man im Wiesensattel unter dem Hasentalkopf ankommt. Dort holt man nochmals kräftig Luft und steigt das letzte Stück steil zum höchsten Punkt auf.

Abstieg: Ein paar Meter muss man vom Gipfel nach Süden hinunter, dreht aber dann rechts ab, um auf Trittspuren durch eine Hangmulde nach Nordwesten abzusteigen, bis man auf einen schönen Wanderweg stößt. Er verläuft gering abfallend, zwischendurch auch ein wenig aufwärts, oberhalb dem tiefen Kessel dahin und steigt zur Grathöhe nordöstlich der Kesselwand an. Von dort am Pfad über recht steile Wiesenhänge zum Bäckenalmsattel (1536 m) hinab und rechts abzweigend am Wanderweg nach Osten weiter, bis die Aufstiegsroute erreicht ist. Wer ein Mountainbike abgestellt hat, ist fein heraus. Wer keines hat, muss zu Fuß das lange Sägertal hinaus.

Tipp

Für das Sägertal nimmt man vorteilshalber ein Fahrrad. Die ersten 3,7 km sind relativ leicht zu radeln. Die Steigung auf der Forststraße liegt überwiegend nur bei 5–10 %. Allerdings wird es zwischendurch (hauptsächlich am Ende des Fahrwegs) auch deutlich steiler.

6 Auf die Hochblasse, 1989 m

Am Schützensteig aus dem Ammerwald herauf

anspruchsvoll

4:45 Std.

940 Höhenmeter

Schwierigkeit: Der Anstieg vom Hochblassensattel ist etwas ausgesetzt und verlangt Trittsicherheit und Schwindelfreiheit (I). Rest der Route einfach, aber auf großen Strecken nicht markiert.
Beste Jahreszeit: Sommer und Herbst.
Charakter: Schöne, stille Bergtour im Schatten der Hochplatte. Ausgedehnte Gipfelhochfläche mit weiten Sonnenwiesen zum Ausruhen. Es ist ein Wahnwitz, dass am schmalen, steilen und felsigen Schützensteig Radfahrer herunterkommen. Radfahren ist auf so engen Wanderwegen nach dem Naturschutzrecht eigentlich verboten. Aber in einem beliebten Mountainbikeführer steht die Tour nun mal drin.
Talort: Am Plansee (979 m).
Ausgangspunkt: Hotel Ammerwald (1079 m).
Anfahrt: Mit Pkw von Reutte über Plansee oder von Ettal durch das Graswangtal.
Einkehr/Übernachtung: Im Hotel Ammerwald am Ausgangspunkt.
Karten: Topografische Karte des Bayer. Landesvermessungsamtes, 1:50 000, Blatt Ammergauer Alpen oder Kompass-Wanderkarte, 1:35 000, Blatt 5 (Oberammergau und Ammertal).

Ganz in der Nähe des Köllebachtals, durch das man bei der hier vorgestellten Tour zur Hochblasse aufsteigt, sind Teile des berühmten Meteoriten »Neuschwanstein« gefunden worden. Der Einschlag hat damals für ziemliche Aufregung gesorgt, weil die glühenden Brocken, die auf die Erde gefallen waren, im weiten Umkreis zu sehen gewesen sind. Heute hat sich der Tumult wieder gelegt, und im Köllebachtal ist es still geworden. Das freut die Wanderer, die weitgehend weglos – doch relativ einfach – zur Hochblasse hinauf und wieder herunter unterwegs sind.

Auf der Hochblasse, hinten die Hochplatte

Aufstieg: Vom großen Parkplatz neben dem Hotel Ammerwald geht man auf der Straße nach Nordwesten zur Staatsgrenze hinauf. Beim Grenzschild links abzweigen und am so genannten Schützensteig in Kehren durch steilen Wald hinauf. Nach fast einer Stunde Anstiegszeit legt sich hinter dem Wasserfall der Hang ein wenig zurück und der Weg stößt in die freien Wiesen nahe der Jägerhütte (1431 m). Dort fällt er etwas ab, man zweigt rechts ab und geht durch einen Waldgürtel zum Ochsenängerle hinauf. Hinter einem Unterstand muss man sich abermals rechts halten und auf der Ostseite des

6

Köllebachtals weitergehen. Die Route dreht mit dem Talgraben in weitem Bogen rechts ab und wird immer steiler, bis sie schließlich in ausholenden Kehren zum Hochblassensattel ansteigt, der zwischen Hochplatte und Hochblasse auf rund 1880 Meter liegt. Von dort könnte man durch den Roggentalgraben absteigen.

Zum Gipfelanstieg hält man sich im Sattel rechts. Der scharfe Grat, der gegen Süden ansteigt, schaut von unten recht aufregend aus, ist aber aus der Nähe betrachtet nicht so schlimm. Doch vorsichtig muss man beim Aufstieg über die Felsen schon sein, denn zum Hinunterfallen könnte es reichen. Die Felsenbereiche enden schließlich. Dann geht es auf der Grathöhe in feinkörniges Geröll und wieder zu einer Trittspur, die etwas auf und ab führt und schließlich zum Gipfelkreuz stößt. Damit hat man den schwierigsten Teil der langen Rundtour geschafft.

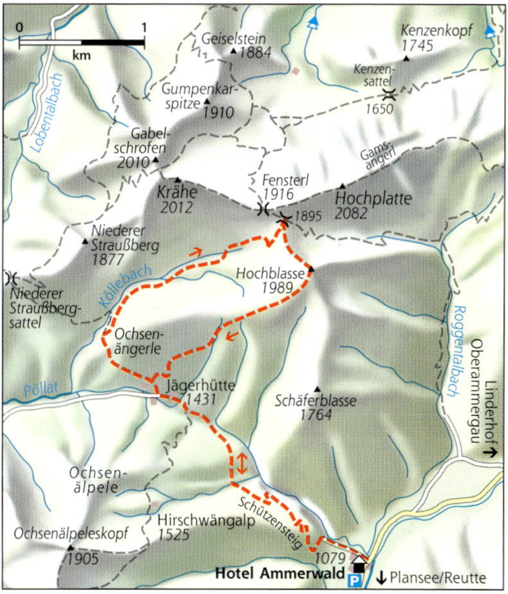

Abstieg: Der Rückweg führt vom Gipfel nach Südwesten über freie, ausgedehnte Wiesenhänge. Nach den flachen grünen Flächen kommt man auf einen Latschenrücken und folgt ihm am Bergweg, bis dieser auf etwa 1750 Meter Höhe nach links schwenkt und deutlich steiler durch eine Latschengasse abfällt. Der schmale Pfad verliert sich hin und wieder ein wenig, doch mit etwas Sorgfalt wird er immer wieder zu finden sein. Am Ochsenängerle stößt er schließlich wieder zur Aufstiegsroute. Auf ihr geht es zügig zum Hotel Ammerwald zurück.

Tipp

Wer eine etwas spannendere, aber auch längere Abstiegsvariante sucht, kann vom Hochblassensattel durch den Roggentalgraben und das lange Roggental absteigen. Allerdings ist zum Abschluss ein ebener Rückmarsch durch den Wald nach Ammerwald notwendig.

7 Waldweg zum Weitalpspitz, 1870 m

Über Vordereck und Weitalm

mittel

3:15 Std.

770 Höhenmeter

Schwierigkeit: Im Prinzip ist diese Wanderung leicht. Doch beim Gipfelanstieg gibt es kurze Stellen, die etwas Schwindelfreiheit und Trittsicherheit verlangen.
Beste Jahreszeit: Frühsommer bis zum ersten ergiebigen Schneefall im späten Herbst.
Charakter: Stille und steile Bergtour, die viel durch dichten Wald verläuft, aus dem man aber hin und wieder tolle Blicke zu den Geierköpfen hat.
Talort: Am Plansee (979 m).
Ausgangspunkt: Abzweigung des Hinterbergwegs (Forststraße) zwischen Hotel Ammerwald und Ammerwaldalm (1100 m).
Anfahrt: Von Reutte über Plansee oder von Ettal durch das Graswangtal.
Einkehr/Übernachtung: Auf der Route gibt es keine Möglichkeit.
Karten: Topografische Karte des Bayer. Landesvermessungsamtes, 1:50 000, Blatt Ammergauer Alpen oder Kompass-Wanderkarte, 1:35 000, Blatt 5 (Oberammergau und Ammertal).

Tipp

Auch diese Wanderung eignet sich gut für Kinder (ab ca. 11 Jahren).

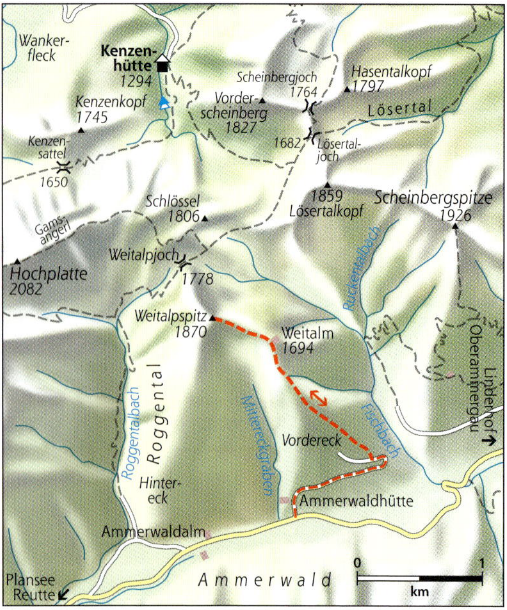

Es hat intensiver Verhandlungen zwischen dem Deutschen Alpenverein, dem Landratsamt Garmisch-Partenkirchen und dem örtlichen Jäger bedurft, bis dieser das Schild »Wildschutzgebiet, betreten verboten!« wieder entfernt hat. Doch wo amtlich kein Wildschutzgebiet ist und dies aus Gründen des Naturschutzes nicht gerechtfertigt werden kann, hat auch ein Jäger nichts dagegen auszurichten. Der Erholungswert des Waldes und der Berge hat in Bayern eben Verfassungsrang, und die Behörden sind im Freistaat diesen hohen Werten stets verpflichtet. Da muss ein Jäger halt etwas

7

zurückstehen und sich damit abfinden, dass hin und wieder ein Wanderer durchs Revier streift.
In Österreich zum Beispiel ist das anders. Dort ist der ungehinderte Zugang zu den Bergen im Waldgesetz geregelt und nicht in der Verfassung. Das läuft im Prinzip aufs Gleiche hinaus, doch sehen die Behörden manchmal über die Exzesse der Jäger lange hinweg, die an den Österreichischen Bundesforst extrem hohe Beträge für die Jagdpacht zahlen. Vornehmlich im Karwendel kommt es deshalb zu Reibereien. Doch am Weitalpspitz herrschen, wie gesagt, jetzt wieder geregelte Verhältnisse.

Das schöne Gipfelkreuz am Weitalpspitz

Aufstieg: Erst einmal geht es auf der Forststraße im Wald gering ansteigend nach Norden hinauf. Kurz vor der Jagdhütte Ammerwald zweigt die Route rechts ab und führt ein längeres Stück nach Osten durch dichten Wald. Dabei führt sie über die Grenze nach Bayern. Mitten im Wald dreht der Fahrweg in einer engen Kehre nach Westen ab. Rund dreißig Meter hinter dieser Kurve muss man genau aufpassen, denn nach rechts zweigt der schmale, markierte Wanderweg ab, der über das Vordereck zur Jagdhütte bei der verfallenen Weitalm ansteigt. In Kehren verläuft er gegen Nordwesten relativ steil durch den Wald hinauf und kommt am Vordereck in eine kleine Lichtung, wo man schön zu den markanten Geierköpfen hinübersieht.
Anschließend steigt der Weg wieder durch den Wald an, doch dieser lichtet sich bald und führt an einer Jagdhütte vorbei. Oberhalb der kleinen Hütte hält man sich ein wenig links und geht auf einen breiten Latschenrücken zu. Die Route führt auf der linken Seite des langen Gipfelgrats stark ansteigend durchs Krummholz nach Nordwesten hinauf. Nur an zwei Stellen weicht sie auf die nördliche Gratseite aus; dabei geht es etwas eng her. Man muss also ein wenig aufpassen, dass man nicht ins Weidental hinunterfällt. Sonst aber birgt auch der Gipfelanstieg keine besonders gefährlichen Etappen, und das schöne Gipfelkreuz ist der gerechte Lohn.
Abstieg: Entlang der Aufstiegsroute.

8 Einsamer Hochwanner, 2085 m

Rundtour über das Meirtljoch

an-spruchs-voll

5:30 Std.

1120 Höhen-meter

Schwierigkeit: Beim Übergang vom Meirtljoch zum Hochwanner kurze Kletterstelle (II), luftige Passagen. Routenfindung beim Abstieg vom Gipfel zum Tormetzanger verzwickt. Rest einfach, zwischen Meirtljoch und Tormetzanger nicht markiert und teils weglos.
Beste Jahreszeit: Sommer und Herbst.
Charakter: Sehr einsame, aber landschaftlich recht eindrucksvolle Rundtour auf kaum bekannten Routen.
Talort: Ehrwald (994 m)
Ausgangspunkt: Fahrwegabzweigung hinter der Loisachbrücke südlich der Grenze von Ehrwald (980 m).
Anfahrt: Bahnverbindung Garmisch-Partenkirchen – Reutte. Mit dem Pkw über Garmisch-Partenkirchen und Griesen nach Ehrwald oder ab Reutte durch das Zwischentorental.
Einkehr/Übernachtung: Leider keine.
Karten: Topografische Karte des Bayer. Landesvermessungsamtes, 1:50 000, Blatt Werdenfelser Land oder Kompass-Wanderkarte, 1:50 000, Blatt 4 (Füssen – Außerfern).

Obwohl diese Rundtour voller Attraktionen steckt, wird sie nur wenig begangen. Der Hochwanner liegt im Schatten des überlaufenen Daniels, ist fast 300 Meter niedriger und gewährt interessante Ausblicke, die nur zur Zugspitze hinüber und in die Ammergauer Alpen freigegeben sind.

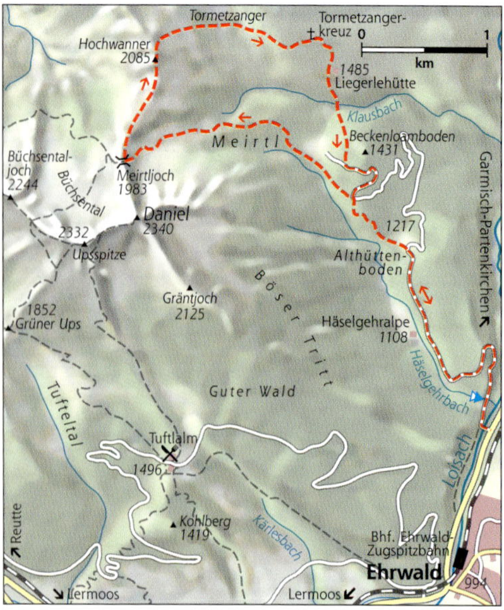

Aufstieg: Auf der Asphaltstraße kurz nach Süden und hinter der engen Rechtskurve nach Norden steil hinauf. Der Anstieg führt am Klettergarten und am wilden Wasserfall des

Tipp

Eine interessante Variante, die sich als pfundige Mountainbiketour eignet, wäre die Auffahrt zum Beckenloamboden. Dort muss man das Bike nur kurz tragen und kommt zu einem langen Fahrweg, der zur Loisach abfällt. Neben ihr geht es dann nach Süden weiter, auf schmalem Steg über den Fluss, an der alten Grenzstation vorbei und zum Ausgangspunkt zurück (17,8 km, 560 Höhenmeter, 2 Std.).

8

Häselgehrbachs vorbei. Erst nach der scharfen Linkskehre wird es flacher. Hinter der Wildfütterung nach Westen durch schütteren Wald weiter, bis die Forststraße gegen Norden schwenkt und am Häselgehrbach moderat ansteigt. Auf dem Althüttenboden zweigt vom Fahrweg nach links eine markierte Route ab und steigt im Jungwald nach Nordwesten an. Sie wird im weiteren Verlauf steiler und führt auf einen Waldrücken. Der Bergpfad dreht in weitem Bogen nach Westen ab und steigt über das Meirtl immer steiler an, bis er in satter Steigung von 35° ins Meirtljoch stößt (1983 m). Bis dorthin ist der Aufstieg mühsam, aber noch nicht besonders aufregend. Das ändert sich im Meirtljoch. Dort hält man sich rechts und geht gegen Norden durch unerschlossenes Berggelände. Es gibt zwar eine schmale Trittspur, doch spannend wird es trotzdem. Es geht nämlich bald über zackige Felsen hinweg und auf der Westseite des Grats in lustiger Kletterei (Schwierigkeitsgrad II) ein wenig abwärts. Anschließend wird es wieder etwas zahmer – nur noch ein paar luftige Momente –, bevor man in gemütliche Grashänge kommt. Erst kurz unter dem Gipfel verlangt der Hochwanner wieder volle Aufmerksamkeit und schließlich erreichen wir den höchsten Punkt, wo es ein Gipfelbuch gibt.

Abstieg: Vom Gipfel am Grat – an einigen Stellen recht ausgesetzt – nach Norden hinab und an passender Stelle rechts vom Grat abzweigen. Auf kaum sichtbaren Pfadspuren gegen Osten über den Nordosthang, anfangs im Wiesengelände, dann durch Latschenbuschwerk zum Tormetzanger (1700 m). In der gleichen Richtung weiter, ein wenig bergauf und auf einem alten Viehpfad zum Tormetzangerkreuz. Nun auf einem Weg steil hinab, scharf rechts abdrehen und durch eine Talmulde. Auf einem Jägersteig an der Häselgehr-Jagdhütte vorbei und zu einer Forststraße, die in der Linkskehre verlassen wird, um zum Klausbach abzusteigen. Hinter dem Bach geht es ein wenig aufwärts und gleich darauf in den weiten Beckenloamboden, an dessen Ende wieder ein Sträßchen erreicht wird. Auf ihm wandern wir weiter zur Verzweigung, wo wir uns rechts halten. In einer Linkskurve des Fahrwegs wird schließlich die Aufstiegsroute erreicht: Auf ihr ins Tal zurück.

Luftige Momente am Hochwanner

9 Unbekannter Schellkopf, 1832 m

Auf alten Almwegen

leicht

4:45 Std.

1020 Höhenmeter

Schwierigkeit: Eigentlich ist die Wanderung recht einfach. Doch verläuft sie überwiegend auf unmarkierten Bergpfaden und streckenweise sogar ganz ohne erkennbaren Weg. Man muss deshalb über eine gute Karte und einwandfreie Orientierungsgabe verfügen. Vorsichtshalber sollte man auch Kompass und Höhenmesser mitnehmen. Wesentlich anspruchsvoller als der Aufstieg sind die Abstiegsvarianten, vor allem jene durch den wilden Kotgraben, die auf keinen Fall für unerfahrene »Sonntagswanderer« geeignet ist. Sie verlangt ein gehöriges Maß an Trittsicherheit, Schwindelfreiheit und Mut.
Beste Jahreszeit: Sommer und Herbst.

Charakter: Sehr schöne und einsame Rundtour in der Stille der Ammergauer Alpen.
Talort: Griesen (816 m).
Ausgangspunkt: Griesen (831 m).
Anfahrt: Bahnverbindung Garmisch-Partenkirchen – Ehrwald – Innsbruck. Mit dem Auto auf der B 23 zur alten Grenzstation zwischen Garmisch-Partenkirchen und Ehrwald.
Einkehr: Auf der Route gibt es keine Möglichkeit, nur am Ausgangspunkt.
Karten: Topografische Karte des Bayer. Landesvermessungsamtes, 1:50 000, Blatt Ammergauer Alpen oder Kompass-Wanderkarte, 1:35 000, Blatt 5 (Oberammergau und Ammertal).

Der einsame Schellkopf

Die Schellschlicht hat einen Nachbarn, der gewissermaßen ein Dornröschendasein führt. Wer einmal vom Hohen Brand nach Westen zum Schellkopf hinübergeschaut hat, wird erkennen, dass dieser recht augenfällige Berg zum Besuch geradezu einlädt. Doch markierte Bergwege gibt es dorthin nicht, deshalb ist diese Wanderung mit einem Hauch von Abenteuer behaftet.

9

Aufstieg: Vom alten Grenzübergang in Griesen geht man erst einmal eben auf einem Sträßchen neben dem breiten Kiesbett der Naidernach nach Nordwesten. Die verschiedenen Abzweigungen lässt man rechts liegen, bis nach einer knappen Viertelstunde Gehzeit nach rechts (also gegen Norden) der Wanderweg zur Schellschlicht abzweigt. Er steigt im Wald westlich der Schelllaine an und an der Abzweigung auf 965 Meter Höhe hält man sich links, um auf einer schmalen, aber soliden Eisenbrücke über die wilde Klamm der Schelllaine zu gelangen. Anschließend geht es im dichten Wald noch kurz steil den Hang hinauf. Auf der Höhe von 1071 Meter sieht man vor sich einen Fahrweg. Dort verlässt man den relativ viel begangenen Aufstiegsweg und geht ein paar Meter durch den Wald zum Sträßchen hinüber, das man aber gleich wieder nach rechts verlässt, um einem deutlich sichtbaren, schmalen Bergweg zu folgen. Er verläuft anfangs parallel zur Fahrspur, dreht aber dann immer weiter rechts ab und führt relativ steil den Hang hinauf. Im weiteren Verlauf führt er ein paar Mal auf und ab und quert einige tief eingeschnittene Gräben.

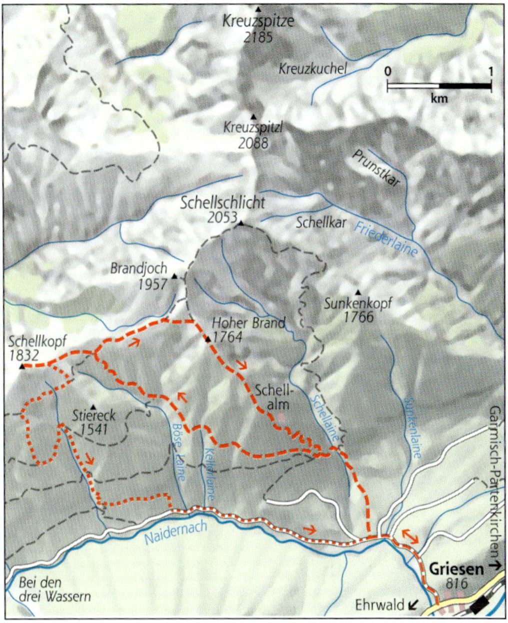

Die eindrucksvollste Reiße liegt auf 1320 Meter Höhe. Durch sie geht es in einem Linksbogen durch und anschließend im schütteren Wald recht steil über eine Hangrippe hinauf. Nach dieser mühsamen Etappe kommt man schließlich aus dem Wald heraus und in weite Weidehänge hinein. Über sie weglos nach Norden zum breiten Sattel zwischen Schellkopf und Hohem Brand hinauf, der

9

auf rund 1650 Meter Höhe liegt. Dort dreht man links ab und folgt im Wesentlichen dem breiten Ostrücken des Schellkopfs. Im Latschen-Krummholz lässt sich immer wieder eine gute Wegspur finden, die geschickt durchs Unterholz führt. Das Buschwerk lichtet sich und kurz unter dem höchsten Punkt wird der Hang nochmals recht steil.

Herbstlicher Blick vom Schellkopf-Anstieg zur Zugspitze

Abstieg: Man kann entlang der Aufstiegsroute absteigen. Wer Lust auf eine schöne Rundtour hat, geht vom Brunnen oberhalb des Sattels zwischen Hohem Brand und Schellkopf nach Osten weiter und durch Latschen-Unterholz zum Hohen Brand hinüber. Dort stößt er auf die Route, die zur Schellschlicht führt. Auf ihr über einen kurzen Klettersteig hinab, an der Schellalm vorbei und zur Aufstiegsroute hinaus. Den Rest entlang des Anstiegswegs.

Wer es sehr verwegen mag, steigt östlich des Gipfels durch arg steile Wiesenhänge weglos zum Querweg ab, der neben einer breiten Schotterreiße erreicht wird. Auf ihm rechts haltend über einen schwach ausgeprägten Rücken in eine Waldlichtung. Dort links abdrehen und weglos durch steilen Wald nach Süden hinab, bis der schwer erkennbare Jägersteig erreicht ist, der links abdrehend zum Kotgraben führt. Nun neben dem Bach durch den Kotgraben nach Süden hinab und oberhalb der wilden Wasserfälle nach links auf einen alten Steig ausweichen. Vor dem letzten, felsigen Wasserfall auf dem steilen Steig nach links den Hang queren und zur Fahrstraße neben der Naidernach hinab. Auf ihr geht es zum Ausgangspunkt zurück.

Tipp

Auf dem Schellkopf ist eine botanische Rarität gefunden worden: die Soldanella minima (Kleinste Troddelblume), die normalerweise nur in den Südalpen (und ein paar weiteren Stellen in den Ammergauer Alpen) wächst. Wer botanisch interessiert ist und im zeitigen Frühjahr kommt, kann diese Seltenheit dort finden. Allerdings wird sie der Laie von der »normalen« Soldanella, die bei uns unmittelbar nach der Schneeschmelze recht häufig wächst, nur schwer unterscheiden können. Die Blütenglöckchen sind sehr blass violett und die Blätter fallen viel kleiner aus, etwa so groß wie ein Pfennig, und sind fast kreisrund.

Frieder, 2050 m, und Friederspitz, 2049 m

10

Bike & Hike von Graswang durch das Elmautal

mittel

6:30 Std.

1280 Höhenmeter

Schwierigkeit: Die Radauffahrt ist ausgesprochen einfach. Sie erreicht kaum mehr als 3% Steigung (mit kurzer Ausnahme von 11%). Die Anstiegsroute fällt allerdings mühsam aus. Sie verläuft auf einer nur wenig begangenen Route, ist arg steil, trotz Markierung stellenweise schwer zu finden und etwas Schwindelfreiheit kann nicht schaden. Sehr einfach geht es dann wieder beim Abstieg zu. Nur bei guter Sicht aufbrechen!
Beste Jahreszeit: Sommer und Herbst.
Charakter: Ruhige Anstiegsroute auf einen sehr beliebten Berg. Landschaftlich teilweise hochinteressant.

Talort: Graswang (870 m).
Ausgangspunkt: Graswang (866 m), Wanderparkplatz gegenüber der Kirche.
Anfahrt: Busverbindung ab Bahnhof Oberammergau. Mit dem Auto von Ettal oder Oberammergau durch das Graswangtal zum Ausgangspunkt.
Einkehr/Übernachtung: Nur in Graswang.
Karten: Topografische Karten des Bayer. Landesvermessungsamtes, 1:50 000, Blatt Ammergauer Alpen oder Werdenfelser Land; Kompass-Wanderkarte, 1:35 000, Blatt 5 (Oberammergau und Ammertal).

Normalerweise wird der Friederberg von Süden her über den schönen Prinzregentensteig oder über die Rotmoosalm bestiegen. Auf dieser alternativen Route sollte man auf ein Fahrrad umsteigen. Ein solides Tourenrad mit Gangschaltung genügt für die Strecke über 8,5 Kilometer (einfach) und 120 Höhenmeter (ca. 1 Std.).

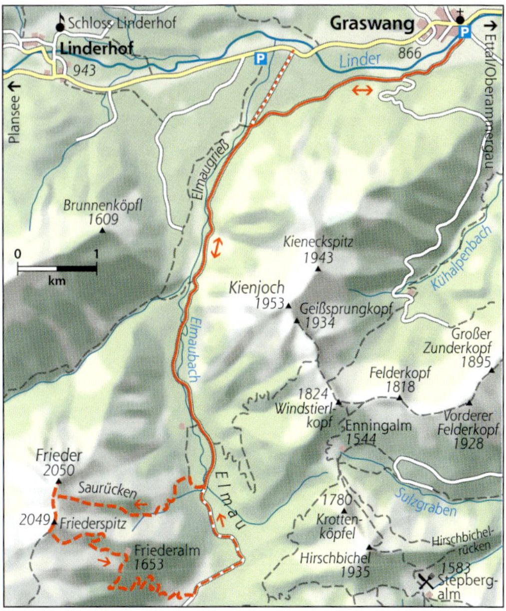

Aufstieg: Vom Wanderparkplatz auf einer Brücke über die Linder und unmittelbar dahinter rechts abbiegen, um dem Sträßchen über eine weite Wiese nach Südwesten zu folgen. Dann eben in den Wald und nach 1,26 km bei einer Straßenabzweigung geradeaus. An der

10

Schattenwald-Diensthütte vorbei und nach 3,4 km (930 m) links ins Elmautal abbiegen. Nun lange gegen Süden auf der östlichen Seite des Elmaubachs taleinwärts, bis sich der Fahrweg nach 8,55 km (1090 m; 0:50 Std.) bei einem Bachgraben verzweigt. Dort Rad abstellen. Vom Straßendreieck zu Fuß am schmalen Sträßchen gegen Westen, später nach Norden dahin, an Geröllbändern im Wald vorbei und auf schmaler Fahrspur weiter. Diese Fahrspur fällt nach rechts ab. Dort geradeaus, bis hinter einem Zaun die markierte Anstiegsroute erreicht wird. Hier links abbiegen und durch schütteren Wald zur Schnittstelle von zwei steilen Hangreißen hinauf. Nun links halten, die südliche Reiße queren und im steilen Waldhang auf einem Weglein weiter. Die Route quert ein paar Geröll- und Sandreißen, führt ein kurzes Stück am Drahtseil und in engen Kehren den steilen Waldhang gegen Südwesten hinauf. Dann wird der Südhang des Saurückens erreicht, und man steigt über einem tiefen Graben nach Westen an. Bald darauf kommt man in ein schönes Hochtal. Durch Latschenbuschwerk weiter. Auf 1700 Meter Höhe zweigt nach links eine markierte Wegspur ab. Dort geradeaus weiter, auf der ebenfalls markierten Route bleiben. Sie führt aus dem Krummholz heraus, in einen steilen Geröllhang und wendet sich auf die linke (südliche) Seite des Hochtals. Über dem Geröll kommt man in steile Wiesenhänge. Die hin und wieder markierte Route lässt sich schwer finden, bis der Sattel zwischen Friederspitz und Frieder erreicht ist. Im Sattel rechts halten und auf Trittspuren zum Frieder.

Abstieg: Vom ersten Gipfelziel in den Sattel zwischen den beiden Gipfeln und zum Friederspitz. Von ihm auf einem markierten Bergweg nach Süden hinunter, über freie Wiesenhänge und allmählich in lichten Wald hinein. Der Abstiegsweg stößt zur Friederalm und quert nach rechts eine freie Hangmulde, um kurz vor dem nächsten Tälchen links abzudrehen. Er fällt in Kehren gering nach Osten ab und erreicht den Fahrweg im Rotmoos. Auf ihm links halten, an der Verzweigung die rechte Variante wählen und an beschilderter Stelle links abbiegen. Auf dem Fahrweg erreicht man das Fahrraddepot, von wo man das Rad auf der Auffahrtsroute nach Graswang sausen lässt.

Tipp

Wer nicht mit dem Rad hinauffahren möchte, muss rund 3:30 Std. mehr Zeit einkalkulieren. Zu Fuß geht man am Elmaubach zwischen Graswang und Linderhof los und auf dem Fahrweg nach Süden ins Elmautal hinein. Das ist um rund 3 km kürzer als die Strecke von Graswang herüber.

Teufelstättkopf, 1758 m, und Laubeneck, 1758 m

11

Von Linderhof übers Pürschlinghaus

mittel

6:30 Std.

1050 Höhenmeter

Schwierigkeit: Die Wanderung ist leicht. Allerdings sind die letzten Meter zum Teufelstättkopf hinauf recht steil und felsig. Für ängstliche Naturen gibt es dort ein Drahtseil. Bei Frost oder Schneelage muss man beim Übergang vom Teufelstättkopf zum Laubeneck besonders vorsichtig sein. Bei ungünstigen Bedingungen ist diese Etappe streckenweise grimmig vereist, dann empfiehlt es sich, umzukehren.
Beste Jahreszeit: Frühsommer und zeitiger Herbst. Im Hochsommer wird es auf den Südhängen oft sehr heiß.
Charakter: Der Teufelstättkopf ist unter den Ammergauer Wandergipfeln ein echter Renner. Zu allen Jahreszeiten kommen muntere Berggesellen zum Gipfelkreuz hinauf, und das nicht zu knapp. Auch auf dieser Route geht man erst einmal zum Teufelstättkopf (obwohl man ihn auch auslassen könnte). Das Glanzlicht auf der Wanderung aber ist das Laubeneck, und ich meine, dass es in den Ammergauer Alpen keinen schöneren Platz gibt als auf seinem Gipfel.
Talort: Linderhof (943 m).
Ausgangspunkt: Linderhof (943 m).
Anfahrt: Ab Bahnhof Oberammergau RVO-Buslinie 9622 bis Linderhof. Mit dem Pkw von Oberammergau oder Ettal durch das Graswangtal bis Linderhof.
Einkehr/Übernachtung: August-Schuster-Haus am Pürschling (1564 m).
Karten: Topografische Karten des Bayer. Landesvermessungsamtes, 1:50 000, Blatt Werdenfelser Land oder Ammergauer Alpen; Kompass-Wanderkarte, 1:35 000, Blatt 5 (Oberammergau und Ammertal).

Es gibt einen recht beliebten Wanderweg von Unterammergau zum Pürschling herauf. Eigentlich ist das eine Straße, die zu allen Jahreszeiten viel begangen wird. Etwas ruhiger ist der Anstieg – ebenfalls auf Fahrwegen – zur Kühalm und dann auf einem schönen Bergweg über den interessanten Nordgrat des Teufelstättkopfs zum ersten Gipfelziel. Beide Routen haben den Nachteil,

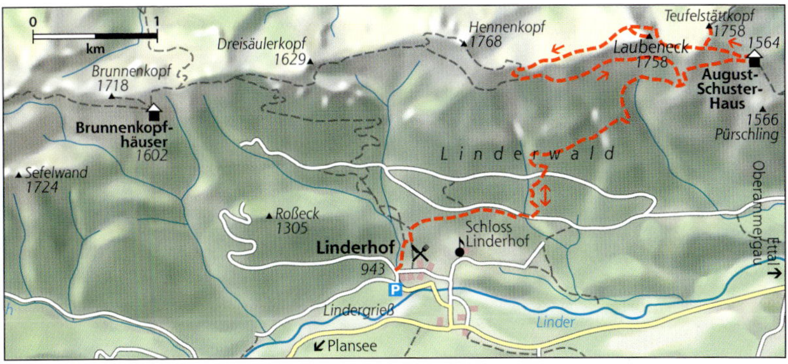

dass Autofahrer in Unterammergau beim Parkplatz am Ausgangspunkt durch die Gemeinde erst einmal kräftig zur Kasse gebeten werden. Wer solche Raubrittermethoden nicht mitmachen will, geht in Linderhof los. Die Parkplätze für die Schlossbesucher kosten zwar auch Geld; wer aber am Ausgangspunkt der Wanderwege sein Auto abstellt, kommt umsonst davon. Und schlecht ist dieser Anstieg auch nicht. Er brilliert schon während des steilen Aufstiegs mit schönen Ausblicken.

Zackiger Gipfelanstieg zum Teufelstättkopf

Aufstieg: Vom Parkplatz am Waldrand westlich des Schlosses Linderhof auf breitem Wanderweg gegen Norden in den Linderwald hinein und schon bald rechts abzweigen. Der bezeichnete Wanderweg quert über dem Schlossgarten den Waldhang nach Osten, dreht etwas links ab und führt über einen Fahrweg. Gleich dahinter muss wieder eine Straße gequert werden, dann geht es stramm nach Norden den Berg hinauf. Der markierte Bergweg dreht nach Nordosten, schwingt sich weiter auf und knickt vor dem Kälberalpgraben links ab. Am oberen Rand eines Grabens führt er unter einer Quelle am munteren Wasserfall vorbei und dreht nach rechts. Nun gegen Osten weiter und vor dem Kälberalpgraben nach Norden hinauf, bis der Querweg erreicht wird, der vom Hennenkopf herüberkommt. Dort rechts und fast eben zum August-Schuster-Haus am Pürschling. Über dem Unterkunftshaus an der Bergwachthütte vorbei und über einen steilen Wiesenhang nach Nordwesten hinauf. Weiter oben am

11

Waldrand etwas links abdrehen. Am unteren Ende einer felsigen Mulde verzweigt sich die Route. Dort rechts und durch die Mulde nach Norden zum felsigen Gipfelaufbau. Nun geht es beherzt den letzten Steilaufschwung hinauf, auf dem man sich an einem soliden Eisenkabel festhalten kann.

Vom ersten Gipfelziel bis zur Wegverzweigung durch den Graben am Aufstiegsweg hinab. Nun rechts halten und gegen Westen auf die eindrucksvolle Felsenkante des Laubenecks zu. Der Weg führt nahe an diese Wand heran. Genau an der steilsten Stelle des Hangs bricht nach rechts ein steiler Graben ab. Bei Frost kann es dort sehr gefährlich werden, denn vom Felsen tropft Wasser herab, das bei ungünstigen Bedingungen gefriert und eine lebensgefährliche Rutschbahn bildet. Nach dieser kurzen Etappe, die im Sommer absolut harmlos ist, folgt man dem Bergweg nach Nordwesten, geht ein kurzes Stück steil am Drahtseil und kommt in ausgedehnte Latschenhänge hinein. Dort links abdrehen und unter dem Grat zum Laubeneck steil hinauf.

Abstieg: Vom Gipfel das erste steile Stück entlang der Aufstiegsroute zurück und dann auf einer Trittspur gegen Westen in Richtung Hennenkopf über den Grat weiter. Im Grateinschnitt vor dem Hennenkopf auf markiertem Steig nach links steil hinab und zum Querweg, dem man nach Osten zur Aufstiegsroute folgt, auf der es nach Linderhof zurückgeht.

Blick vom Laubeneck ins Werdenfelser Land

Tipp

Hat man Lust auf einen dritten Gipfel, kann man vom Westgrat des Laubenecks noch dem Hennenkopf seine Aufwartung machen. Der ist genau 10 m höher als die beiden vorherigen Gipfel. Den Hennenkopf schließlich kann man nach Westen überschreiten; dann erreicht man den Hangweg schon etwas weiter im Nordwesten als beim Abstieg vom Laubeneck.

12 Überschreitung des Sonnenbergs, 1622 m

Gratwanderung zum Pürschling

mittel

5 Std.

770 Höhenmeter

Schwierigkeit: Beim Aufstieg braucht man für den Übergang von der Sonnenspitze zum Pürschling an einigen Stellen Trittsicherheit und Schwindelfreiheit. Der Abstieg verläuft auf breiten Forststraßen und ist sehr einfach.
Beste Jahreszeit: Frühsommer bis später Herbst (nicht bei Schneelage).
Charakter: Prächtiger Aufstieg und lange Gratwanderung mit schönen, freien Ausblicken. Der Rückweg am überlaufenen Pürschlingweg ist eher monoton.
Talort: Oberammergau (873 m).
Ausgangspunkt: Talstation des Kolbenlifts (880 m).
Anfahrt: Bahnverbindung ab München nach Oberammergau. Mit dem Auto von Oberau über Ettal oder von Weilheim – Bad Kohlgrub auf der B 23 nach Oberammergau.
Einkehr/Übernachtung: Kolbenalm und Kolbensattelhütte (beide nur Einkehr); August-Schuster-Haus am Pürschling (1564 m; auch Übernachtung).
Karten: Topografische Karte des Bayer. Landesvermessungsamtes, 1:50 000, Blatt Werdenfelser Land oder Kompass-Wanderkarte 1:35 000, Blatt 5 (Oberammergau und Ammertal).

Ein echter Geheimtipp ist der Sonnenberg nicht mehr. Dieses Prädikat konnte sich in der Nähe von Oberammergau auch der entlegenste Winkel nicht bewahren. Aber einigermaßen ruhig ist es auf der langen Gratschneide geblieben, vor allem, wenn man die langen Fahrwege als Maßstab nimmt, die zum Pürschlinghaus hinaufführen, wo es geradezu wuselt vor Leuten ...

Aussicht vom Pürschling zum Sonnenberg

Aufstieg: Von der Talstation der Kolbenbahn auf einer Straße zur Brücke nach Süden und dann im dichten Wald auf schönem, lauschigem Spazierweg zu einem Fahrweg. Auf ihm ein Stück dahin und aus der Linkskehre dieser Straße zu einem Wanderweg, der zur Kolbenalm ansteigt. Von dieser Gaststätte nach Südwesten durch den Wald hinauf und an der Abzweigung den Schildern zu Pürschling und Kofel folgen. Weiter oben verzweigt sich die Route wieder. Dort rechts, ober-

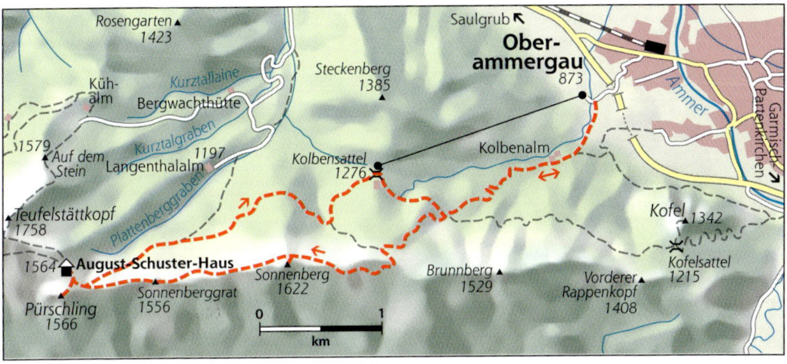

halb eines Unterstands an der Abzweigung geradeaus und an der nächsten Weggabelung links halten. Der Bergpfad steigt recht forsch an und führt auf der linken Seite einer Waldlichtung den Hang hinauf. Dann schwenkt er nach rechts und flacht deutlich ab, um gegen Westen dahinzuführen. Nach einer längeren Passage in dieser Richtung zweigt nach links ein steiler Bergweg ab, der zum Gipfelkreuz ansteigt.

Tipp Vom August-Schuster-Haus ließe sich in einer Dreiviertelstunde auch noch der Teufelstättkopf (1758 m) besuchen. Die Route ist im Wandervorschlag 11 beschrieben.

Abstieg: Zum langen Hangweg steigt man steil entlang des Anstiegswegs ab. Am Querweg links abzweigen und nach Westen dahin, über ein paar relativ »luftige« Stellen kurz sogar am Drahtseil, und dann über den Gratrücken auf die Südseite des Berges. Dort wird es zwischendurch enorm steil, bis der schmale Pfad wieder über die Grathöhe führt. Auf der Nordseite des Sonnenberggrats geht es recht bequem zum Fahrweg hinab. Wer dem Pürschling einen Kurzbesuch abstatten möchte, zweigt von ihm bald links ab und geht steil zum Gipfelfelsen hinauf. Von ihm muss man wieder zum Fahrweg hinunter und in ein paar Minuten schnell noch zum Pürschlinghaus hinauf. Vielleicht auf ein Weißbier? Vom Unterkunftshaus gegen Osten auf dem Fahrweg zurück. Nach einem längeren Abstieg auf dem monotonen, aber stark frequentierten Sträßchen muss man aufpassen, dass man die Abzweigung des Kofelsteigs nicht übersieht. Auf ihm eben zur Lichtung vor dem Kolbensattel. In dieser Waldlichtung rechts halten, geringfügig auf und ab und zur Aufstiegsroute zurück, die zur Talstation der Kolbenbahn und damit zum Ausgangspunkt zurückführt.

13 Schafbevölkerter Hirschbichel, 1935 m

Stiller Berg über der Stepbergalm

leicht

6 Std.

1135 Höhenmeter

Schwierigkeit: Leichte, aber etwas anstrengende Wanderung.
Beste Jahreszeit: Frühsommer bis später Herbst.
Charakter: Der Hirschbichel (auch Hirschbühel) ist ein ziemlich unbekannter Berg in der Mitte zwischen Kramer und Frieder, hoch über der Stepbergalm. Interessant ist die großartige Gipfelrundschau vom frei stehenden Kreuz, die vornehmlich in das benachbarte Wettersteingebirge reicht.
Talort: Griesen (816 m).
Ausgangspunkt: Parkplatz an der Ochsenhütte neben der Fahrstraße von Garmisch-Partenkirchen nach Griesen (rund 800 m).
Anfahrt: Mit dem Auto von Garmisch-Partenkirchen Richtung Ehrwald bis zur Ochsenhütte (Parkplatz).
Einkehr: Stepberg- und Enningalm.
Karten: Topografische Karte des Bayer. Landesvermessungsamtes, 1:50 000, Blatt Werdenfelser Land oder Kompass-Wanderkarte, 1:50 000, Blatt 6 (Walchensee – Wallgau – Krün).

Ich habe es nachgezählt. Genau 26 Mal hat sich ein Münchener Bergfreund in einem einzigen Jahr ins Gipfelbuch am Hirschbichel eingetragen. Immer nur mit Namen, Wohnort und Datum. Nur ein einziges Mal hat er noch etwas dazugeschrieben. Und damit hat er ausgesprochen Recht: »Scheiß Schafe«, hat er formuliert. Die so putzigen Tiere sind in diesem sensiblen Bereich der Ammergauer Alpen ein echtes Problem. Seit im

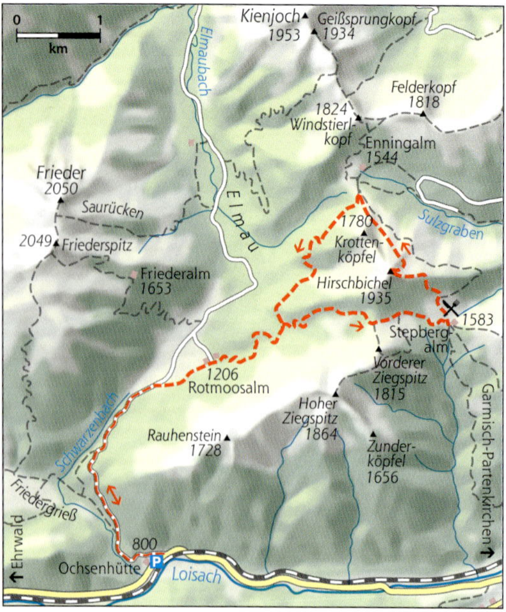

Tipp

Sportlich ambitionierte Mountainbiker können auf ihren Stahlrössern zur Rotmoosalm hinaufkurbeln. Aber bitte nicht die Abkürzung vom See zur Alm nehmen, sondern bis zum Rotmoos auf der Straße bleiben und dann rechts am Fahrweg zum Raddepot neben dem Almgebäude hinaufstrampeln.

13

Jahr 1991 die Schafhaltervereinigung gegen alle Widerstände der Naturschutzbehören und mit massivem politischen Druck die Stepbergstraße durchgesetzt hat, ist der Schafbestand dort oben um ein Vielfaches zu hoch und die Tiere fressen alles kurz und klein, was keine Stacheln und Dornen hat. Durch ihre Hinterlassenschaften wird außerdem der Boden überdüngt. Wegen des hohen Stickstoffgehaltes im Boden gedeihen nur noch Brennnesseln, Ampfer und Frauenmantel. Die einstmals schöne Bergblumenflora ist unwiederbringlich zerstört. Schade.

Aufstieg: Vom Parkplatz auf der Straße in weitem Bogen von Westen nach Norden um den Grießberg herum. Beim kleinen See (der im Sommer oft austrocknet) rechts abbiegen und im Wald recht moderat ansteigend gegen Nordosten zur Rotmoosalm hinüber. Ab der Alm am Fahrweg nach Nordosten wieder in den Wald hinein und in Kehren ziemlich forsch hinauf. Nach links zweigt ein Weglein zur Enningalm ab. Dort am Sträßchen bleiben und zum Sattel zwischen Hirschbichel und Ziegspitz (rund 1650 m).

Unterwegs zum Hirschbichel

Aus ihm gering abwärts, am Forsthaus vorbei und zur Stepbergalm (1583 m). Dort endet das umstrittene Bergsträßchen. Beim ersten Almgebäude links abzweigen über die Wiese nach Norden zum Waldrand hinauf. Dort zweigt nach rechts ein Steig ab, der den Hirschbichelrücken querend zur Enningalm führt. Der Anstieg zum Hirschbichel führt geradeaus, also nach Norden weiter, schwenkt etwas nach links und steigt über den Ostgrat zum Gipfel an. Neben dem Kreuz gibt es eine Ruhebank, denn mitten im Schafdreck wird sich niemand zur Gipfelrast niederlassen wollen.

Abstieg: Vom Gipfel nur kurz über den Ostgrat hinab, schon bald auf einer schmalen Pfadspur nach links abzweigen und die Nordosthänge des Hirschbichels querend nach Nordwesten zu einem Gratausläufer hinab. Knapp oberhalb der Enningalm stößt man auf eine Wegverzweigung. Dort links halten und über nasse Wiesenhänge; weiter unten im Wald nach Südwesten absteigen und oberhalb der Rotmoosalm zum Aufstiegsweg. Auf ihm zum Ausgangspunkt zurück.

14 Wamperter Schrofen, 2520 m

Durch die Biberwierer Scharte

schwierig

8:30 Std.

1520 Höhenmeter

Schwierigkeit: Sehr anspruchsvolle Bergtour. Schwierigkeit I–II. Große Steinschlaggefahr in der Gipfelrinne (Helm aufsetzen!). Vereiste Schneefelder bis in den Frühsommer (Grödl bzw. Steigeisen notwendig). Loses Geröll auf absturzgefährdeten Steilhängen.
Beste Jahreszeit: Sommer und zeitiger Herbst. Nicht bei Schneelage.
Charakter: Nach einem zermürbend langen und ebenso steilen Anstieg zur Biberwierer Scharte folgen auf dieser Tour eine ausgedehnte Karwanderung und dann ein felsiger Steilaufstieg zum recht wenig besuchten Gipfel. Der Fels im Gipfelanstieg ist so lose, dass sich Steinschlag trotz großer Vorsicht kaum vermeiden lässt.
Talort: Biberwier (989 m).
Ausgangspunkt: Biberwier, Gasthaus Wiesenheim (990 m).
Anfahrt: Busverbindung ab Bahnhof Ehrwald, mit dem Auto von Garmisch-Partenkirchen nach Ehrwald und Richtung Fernpass bis Biberwier.
Einkehr/Übernachtung: Gasthaus Wiesenheim am Ausgangspunkt und Coburger Hütte (1917 m; nicht unmittelbar an der Route).
Karten: Kompass-Wanderkarten 1:50 000, Blatt 4 (Füssen – Ausserfern) oder Blatt 5 (Wettersteingebirge – Zugspitzgebiet).

Wilder Felsengipfel am Wamperten Schrofen

Die Mieminger Berge (oder Mieminger Kette, wie sie korrekt heißt) sind ein recht felsiges Gebirge. Da es nur wenig markierte Wanderrouten gibt, ist es auf den meisten Gipfeln auch recht still. Sie bleiben eben Extrem-Alpinisten vorbehalten. Eine Hand voll erschlossener Gipfelziele lässt sich aber zwischen Hoher Munde und Wampertem Schrofen doch finden, die allerdings teilweise über grimmige Klettersteige führen (wie beispielsweise am Tajakopf). Der Fels ist übrigens in den Miemingern allgemein sehr brüchig, was man auch am Wamperten Schrofen hautnah erleben kann.

Aufstieg: Vom Wirtshaus Wiesenheim über die Mühlbachbrücke und auf der Straße neben dem Mühlbach zum Falkenhof. Dort links abzweigen, am Weg zur Rochuskapelle, und in den Wald hinein. Bei der Straßengabelung links halten, gleich darauf rechts abzweigen und auf dem Wanderweg zur Wildfütterung. Dort einen Fahrweg queren und an der Abzweigung links (Wegtafel zur Coburger Hütte). Nun ziemlich steil durch Latschenbuschwerk hinauf und die Abzweigung des Jubiläumsweges (zum Marienberg) rechts liegen lassen. Auf der Pfadspur noch steiler durch die Langlehn in ausholenden Kehren zur Biberwierer Scharte (2000 m) hinauf. Wer zur Coburger Hütte möchte, geht geradeaus weiter.

Zum Wamperten Schrofen zweigt man in der engen Scharte nach rechts auf eine nicht markierte Trittspur ab. Sie führt über Geröll und Wiesenhänge, verläuft hin und wieder im Nichts und zeigt sich erst unter dem Schartenkopf im Geröll wieder recht deutlich. Unter der Marienbergscharte zweigt die Route rechts ab. Auf gelegentlichen Pfadspuren folgt man alten Markierungszeichen und überwindet einen enorm abfallenden Felsenhang. Dort muss man mit gutem Gespür für die beste Routenfindung einen Durchschlupf suchen und im freien Steilhang mit losem Geröll links abzweigen. Nach oben steigen ein paar Steilrinnen an. Wenn in diesen Schnee liegt, ist die Tour zu Ende, denn dann ist Umkehr angeraten. Bei guten Bedingungen arbeitet man sich durch die hinterste Rinne – auf die erhebliche Steinschlaggefahr achtend – in luftiger Kraxelei über den losen Fels hinauf, bis schließlich das Gipfelkreuz erreicht ist.

Abstieg: Entlang der Aufstiegsroute.

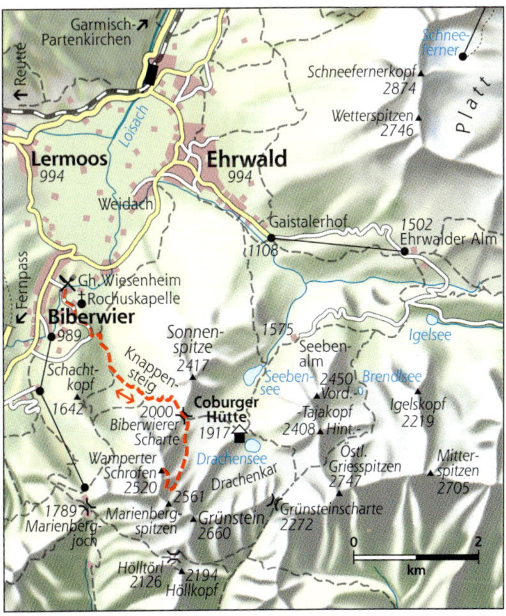

Tipp

Einfacher, aber auch nicht ganz ohne alpine Spannung, wäre der Anstieg zum Vorderen Drachenkopf, der ebenfalls mit schönen Gipfelausblicken brilliert. Man erreicht ihn auf einem Bergweg über die Ostseite des Schwärzerkars.

15 Auf den Hochwannigkopf, 2234 m

Mit dem Rad durch das lange Gaistal

anspruchsvoll

7:45 Std.

1060 Höhenmeter

Schwierigkeit: Für den Aufstieg durch das wilde Felderer Tal braucht man Mut, denn der überwiegend gut erhaltene Steig wird nicht mehr gepflegt. Er ist an einer Stelle nur mit gehörigen Portionen Trittsicherheit und Schwindelfreiheit zu meistern. Der Rest der Route gibt sich überwiegend einfach, obwohl diese zum Gipfel hinauf sogar weglos ist.
Beste Jahreszeit: Sommer und Herbst (keinesfalls bei Schneelage).
Charakter: Das Gaistal trennt die Mieminger Kette vom Wettersteingebirge. Es zieht sich von Leutasch nach Westen bis zur Ehrwalder Alm hin und dabei wird es selten steil. Ideales Gelände also für Spaziergänger und Radfahrer.
Talort: Leutasch (1136 m).
Ausgangspunkt: Parkplatz Salzbach im Gaistal (1210 m).
Anfahrt: Mit der Bahn bis Mittenwald und mit dem Bus zum Ausgangspunkt. Mit dem Auto von Mittenwald nach Leutasch und bis zum Salzbach-Parkplatz am Ende der mautpflichtigen Straße und des Leutascher Tals.
Einkehr: Steinernes Hütt'l (1925 m) und Tillfußalm (1382 m)
Karten: Topografische Karte des Bayer. Landesvermessungsamtes, 1:50 000, Blatt Werdenfelser Land oder Kompass-Wanderkarte 1:50 000, Blatt 5 (Wettersteingebirge – Zugspitzgebiet).

Auf der Südseite des Wettersteins, am Hochwannigkopf

Wer aus dem langen Gaistal noch zu einem Berg, beispielsweise dem Hochwannigkopf, hinauf möchte, sollte für die lange Straße ein Rad mitnehmen. Das heißt dann so schön »Bike & Hike«. Schade ist, dass im »Almparadies Gaistal« so viele Autos unterwegs sind. Ein Grund mehr, aufs Rad umzusteigen, dann muss man sich nicht so lange im Talgrund aufhalten. Ganze 5 Kilometer (einfache Strecke) kann man auf dieser Tour mit dem Rad fahren, und insgesamt 4 Stunden Gehzeit lassen sich damit einsparen. Die Strecke steigt nur am Anfang über 10 % steil an, der Rest ist überwiegend flach, sodass man gut vorankommt. Immerhin wird auf dieser langen Etappe ein Höhenunterschied von lediglich 170 Meter überwunden. Zu Fuß ist das einfach zu weit und nicht gerade besonders ansprechend.

Aufstieg: Vom gebührenpflichtigen Parkplatz nach Süden, über den Bach und nach einer Rechtskehre die Gaistalstraße mit dem Stahlross hinauffahren (oder gehen). Nach dem etwas steileren

15

Tipp
Einfacher, aber weniger sportlich wäre der Anstieg von der Ehrwalder Alm (die von Ehrwald aus mit der Seilbahn erreichbar ist) über die Hochfeldernalm (1732 m; Einkehr) und weiter übers Feldernjöchl zum Gipfel.

Auftakt legt sich die Straße bald zurück und verläuft in wechselnder, überwiegend geringer Steigung das Tal nach Westen hinauf. Zwischendurch fällt der Fahrweg sogar etwas ab. Bei der Straßenverzweigung nach 4,5 Kilometern muss man sich rechts halten, bis schließlich nach einer halben Stunde Fahrzeit neben dem Wegkreuz unter der Tillfußalm auf der Höhe von 1340 Meter das Bike abgestellt wird. Den passionierten Mountainbiker wird es arg jucken, aber für die Rundtour muss man nun einmal zu Fuß auf der Straße weitergehen, denn bei der Tillfußalm wird sich der Kreis wieder schließen.

Nun noch fast 2 Kilometer durch das Gaistal gegen Westen weiter und erst bei der Straßenabzweigung auf der Höhe von 1402 Meter rechts abbiegen und dem Hochfeldernweg folgen, der nun deutlich steiler ansteigt. Auf dieser Straße geht man bis kurz vor den Graben des Feldernbachs; dort endet nach 7,5 Kilometern der Talmarsch. Anfangs ist der unmarkierte Bergweg ein wenig schwer zu finden. Er verläuft zunächst östlich des Bachs neben dem Bachgraben nach Nordwesten, schwenkt rechts ab und steigt in Kehren durch den Wald nach Norden an. Weiter oben hält er sich wieder mehr gegen Westen (also links) und führt in das Felderer Tal. Man findet sich unvermittelt über wilden Abbrüchen und muss auf losem Schotter eine enorm steile, felsige Rinne queren. Dort braucht's Mut und Gottvertrauen. Wer diese schwierige Stelle geschafft hat, kommt

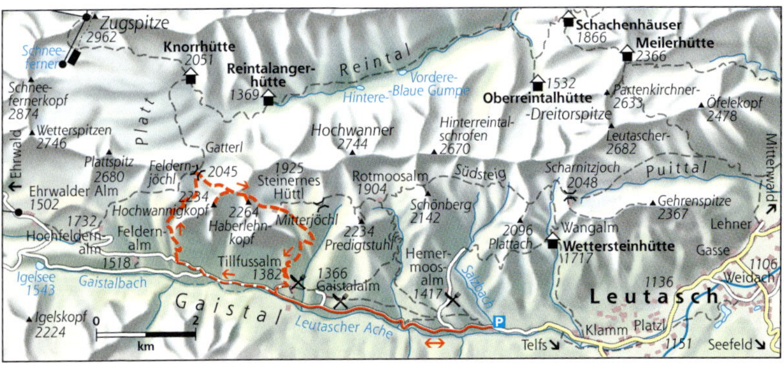

Gipfelschau vom Hochwannigkopf zur Mieminger Kette und in die Ammergauer Alpen

wieder in gemäßigtes Gelände. Es gibt zwar noch steile Geröllhänge zu überwinden, aber das kostet allenfalls Kraft und keine moralische Überwindung mehr. Weiter oben geht es durch Latschen-Krummholz und anschließend in eine Hangmulde, durch die man zu einem kurzen, felsigen Engpass kommt. Bald darauf steht man im Feldernjöchl. Aus dem Jöchl steigt nach rechts ein Bergweg über einen breiten Wiesengrat an, dreht aber weiter oben nach links in einen arg kargen Steilhang ab. Zwischen Hochwannigkopf und Hohem Kamm mündet er in eine breite Mulde. Dort dreht der Gipfelanstieg zum Hochfeldernkopf nach rechts ab. Weglos geht man nun im übersichtlichen Berggelände über einen unbedeutenden Vorgipfel steil zum Hauptgipfel hinauf.

Abstieg: Bis zum schönen Wanderweg entlang der Aufstiegsroute zurück. Am Bergweg nach rechts (gegen Osten) weiter und am unbenannten Gipfel (2264 m) vorbei. Wer Lust hat, kann zu ihm in weniger als 10 Minuten hinauf und dann wieder hinuntersteigen. Das ist zwar weglos, aber leicht. Auf dem weiteren Rückweg geht man unter schroff ansteigenden Wänden zum Steinernen Hütt'l. Dort lässt es sich bescheiden einkehren. Kaffee gibt's übrigens nicht (Schnaps schon). O-Ton von Wirt Franz Jordan: »Wir sind eine Alm und kein Kaffeehaus.« Von der kleinen Hütte fällt der Weg nach Süden ab, führt durch eine Schlucht und stößt schließlich zum Ganghoferhaus und zur Tillfußalm. Gleich darunter steht das Rad, auf das man sich angesichts der langen Strecke freuen darf, wenn man nicht zu Fuß hinaus muss ...

Predigtstein oder Predigtstuhl, 2234 m

16

Auf der Sonnenseite des Wettersteingebirges

anspruchsvoll

6 Std.

1030 Höhenmeter

Schwierigkeit: Der Gipfelanstieg und auch der beschriebene Abstieg erfordern Trittsicherheit und Schwindelfreiheit (Stellen I). Vor allem bei feuchtem Wetter wird es auf dem lehmigen Boden und den glatten Kalkfelsen unangenehm rutschig, sodass man in jedem Fall zum Abstützen Stöcke mitnehmen sollte.
Beste Jahreszeit: Günstig im Sommer und im Herbst.
Charakter: Sehr schöne, aussichtsreiche Rundtour. Insgesamt gibt es auf dieser Rundtour vier verschiedene Jausenstationen. Wer den Abstecher zur Hemermoosalm auch noch einlegt, bringt es sogar auf fünf.
Talort: Leutasch (1136 m).
Ausgangspunkt: Parkplatz Salzbach im Gaistal (1210 m).
Anfahrt: Mit der Bahn bis Mittenwald und mit dem Bus zum Ausgangspunkt. Mit dem Auto von Mittenwald nach Leutasch und bis zum Salzbach-Parkplatz am Ende der Mautstraße.
Einkehr/Übernachtung: Rotmoosalm. Nur als Einkehr dienen: Steinernes Hüttl, Tillfußalm, Gaistalalm und evtl. Hemermoosalm.
Karten: Topografische Karte des Bayer. Landesvermessungsamtes, 1:50 000, Blatt Werdenfelser Land oder Kompass-Wanderkarte, 1:50 000, Blatt 5 (Wettersteingebirge – Zugspitzgebiet).

Tipp

Wer sich den Gipfelanstieg nicht zutraut, kann getrost an der Nordseite des Predigtstuhls auf einem schönen Wanderweg die anspruchsvollen Etappen auslassen und verkürzt die stramme Bergfahrt auf diese Weise zu einer schönen Rundtour. Die Ersparnis beträgt knapp 1:30 Std.

Der Wettersteinkamm ist ein schroffes Felsengebirge, das auf der Südseite einige deutlich harmlosere Grasberge vorgelagert hat, bevor es jäh ins Gaistal abfällt. Aber nicht jeder dieser Vorberge fällt moderat aus. Der Predigtstuhl bildet hier eine Ausnahme,

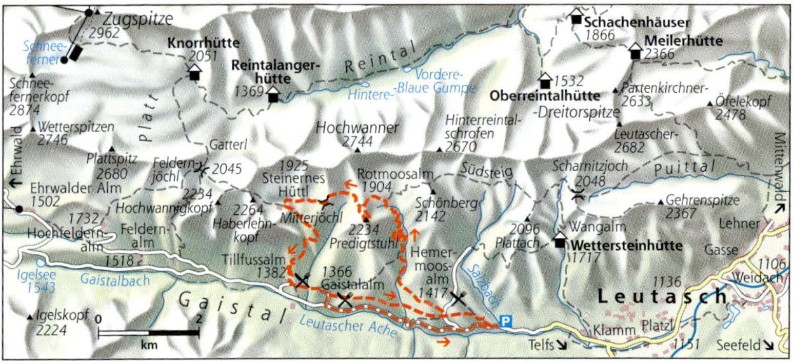

16

die die Regel bestätigt. Und als Aussichtswarte eignet er sich ganz besonders, denn zur nachbarschaftlichen Mieminger Kette, wo die Hohe Munde und die Berge rund um die markante Hochwand dominieren, und zu den scharf geschnittenen Wettersteinbergen gewährt er erstaunliche Ausblicke.

Rassiger Abstieg vom Predigtstein

Aufstieg: Vom Parkplatz auf der Brücke über den Salzbach und kurz auf der Gaistalstraße nach Westen. Schon sehr bald zweigt nach rechts ein steiles Sträßchen ab, das als »Ganghoferweg« bezeichnet ist. Es führt im Wald hinauf, in ein paar Kurven gegen Westen weiter und wendet sich im weiteren Verlauf gegen Nor-

16

den. An der Abzweigung nicht zur Hemermoosalm aufsteigen, sondern links bleiben und am Fahrweg zum Leitenbach weiter, wo die Straße endet. Von dort auf einem Steg über den Bach und im Wald neben dem Wasserlauf nach Norden, bis wieder ein Sträßchen erreicht wird. Auf ihm in die weiten Hänge der Rotmoosalm (1904 m). Dort ist die Straße zu Ende.

Der Predigtstein

Nun etwas links halten und am Bergweg gegen Westen, bis auf der Höhe von etwa 2050 Meter nach links Markierungszeichen zum Predigtstuhl hinaufweisen. Die nur schwach ausgeprägte, aber gut markierte Trittspur führt über lehmige, steile Wiesen gegen Süden hinauf und nahe an glatte, eindrucksvolle Felsenwände heran. Der Anstieg flacht ein wenig ab, fällt sogar ein paar Meter und führt dann durch Felsengelände steil zu einem kleinen grünen Sattel hinauf, knapp unterhalb des Gipfels. Das letzte Stück zum Kreuz geht man (erstaunlich leicht) gegen Nordwesten, bis man am höchsten Punkt ankommt.

Abstieg: Vom Gipfel führt ein markierter Felssteig nach Norden hinunter. Er fällt durchaus pfiffig aus und schlängelt sich neben einer imponierenden Felswand zu einer ausgedehnten Wiese hinunter. Von dort zum Sattel nördlich des Gipfels und gering ansteigend gegen Norden zum Südwandsteig, der sich in weitem Bogen gegen Westen wendet. Er gibt unter dem Hochwanner eindrucksvolle Blicke auf die Mieminger Kette frei. Später steigt dieser Weg nach Süden zum Mitterjöchl an und dreht anschließend gegen Westen, wo er zum Steinernen Hütt'l (1925 m) abfällt. Nach der zünftigen Einkehr (vielleicht von schneidiger Harmonikamusik des Hüttenwirts begleitet) geht es auf dem Weglein am westlichen Ast des Kotbaches gegen Südosten entlang, bis der Weg den Kotbach quert und ziemlich steil gegen Süden durch den Wald zum Jagdhaus, zum Ganghoferhaus und zur Tillfußalm hinunterführt. Von dort gegen Westen zur Gaistalalm (1366 m) und entweder am Ganghoferweg oder erst zur Almstraße hinab, und im Gaistal zum Ausgangspunkt zurück.

17 Auf die Bernadeinspitze, 2143 m

Über die Schöngänge

anspruchsvoll

5 Std.

1460 Höhenmeter

Schwierigkeit: Für den Klettersteig an den Schöngängen muss man über Trittsicherheit und Schwindelfreiheit verfügen. Der Gipfelabstieg ist leicht. Kondition braucht man auch für den zermürbenden Gegenanstieg zur Hochalm.
Beste Jahreszeit: Sommer und Herbst.
Charakter: Bis zum Kreuzeck gibt es drei Anstiegsalternativen, die alle ihren eigenen Charakter haben. An den Schöngängen netter Klettersteig mit ein paar »luftigen Momenten« im Schatten der alles überragenden Alpspitze. Gemütlicher Abstiegsweg.
Talort: Garmisch-Partenkirchen (708 m).
Ausgangspunkt: Bahnhof Zugspitzbahn »Kreuzeck – Alpspitzbahn« (755 m).
Anfahrt: Bahnverbindung ab München. Mit dem Auto auf der Autobahn München –Garmisch bis Eschenlohe und dann auf der B 2 zum Ausgangspunkt.
Einkehr/Übernachtung: Kreuzeckhaus (1650 m), Hochalm (1705 m).
Karten: Topografische Karte des Bayer. Landesvermessungsamtes, 1:50 000, Blatt Werdenfelser Land oder Kompass-Wanderkarte 1:50 000, Blatt 5 (Wettersteingebirge – Zugspitzgebiet).

Die Bernadeinwand zeigt nach Norden ein recht grimmiges Gesicht. Dieses Felsenantlitz reizt nur Kletterer der schärferen Art. Allerdings gibt es auch auf dieser Seite eine Anstiegsroute, die

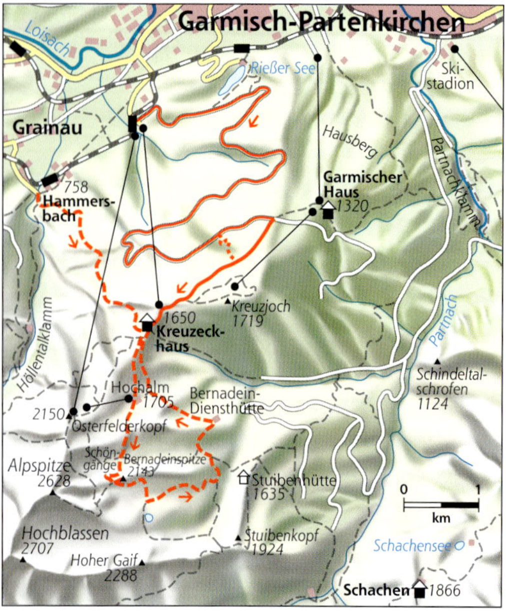

sich der ambitionierte Bergfreund durchaus zutrauen darf. Mit soliden Drahtseilen und Krampen ausgebaut, steigt dort ein Eisenweg an, der erst knapp unter dem Gipfel endet. Die Abstiegsroute sieht im Vergleich dazu nur noch wie ein Spazierweg aus.

Aufstieg: Mit der Kreuzeckbahn zum Kreuzeckhaus (spart über 2 Std. Aufstiegszeit). Oder mit dem Mountainbike vor dem Parkplatz der Aulealm nach 330 Metern rechts und auf einer breiten Forststraße (mit

17

Schiebestrecke bei der Skipiste) bis zu 24 % steil zur Hochalm (1705 m; 12,7 km; 2:15 Std.). Oder zu Fuß ab Hammersbach nach Süden in das Tal hinein und schon gleich nach links der markierten Route zum Kreuzeck in den Stegerwald hinein folgen. Hinter dem Weidegatter in freie Wiesen, eine Wegspur queren und weiter oben in den Wald hinein. Der Anstiegsweg schwingt sich steil auf und vereint sich kurz unter einem schönen Wegkreuz mit einem steilen Fahrweg. Auf der Fahrspur weiter und am Brunnen nach rechts in dichten Wald hinein. Der steinige Bergweg schlängelt sich zum Waldeck hinauf und führt dort über eine Lichtung zu einem Fahrweg, der unter den Kabeln der Alpspitzbahn erreicht wird. Auf ihm rechts und bis zu seinem Ende geringfügig abwärts. Am Straßenende links auf einen Bergweg abzweigen, der sich mühsam und steil zur Seilbahnstation der Längenfelderbahn hinaufwindet und dahinter auf den breiten Querweg zwischen Kreuzeckhaus und Hochalm führt.

Schlechtwetter auf der Bernadeinspitze

An der Hochalm vorbei und am Fahrweg zu Fuß steil hinauf, bei der Verzweigung links und zur kleinen Bergwachthütte weiter. Nach einer Rechtskehre flacht der Weg deutlich ab und verzweigt sich. Bei der ersten Abzweigung geradeaus, gleich bei der nächsten Verzweigung links halten. Über ein steiles Geröllfeld zur Klettersteiganlage über die Schöngänge. Über griffigen Kalkfels, steil und etwas ausgesetzt, mit Hilfe von Krampen und Drahtseilen durch eine eindrucksvolle Felsenszenerie zum Gratsattel hinauf. Dort links abdrehen und auf einer Trittspur die letzten 5 Minuten zum Kreuz auf der Bernadeinspitze.

Abstieg: Zum Gratsattel zurück, dann links auf schönem Bergweg nach Osten, später durch eine kurze Felsenrinne und gegen Süden fast bis zum Stuibensee hinab. Links halten und am Weg durch lichten Wald zur Wegverzweigung weiter. Abermals links abdrehen und eben gegen Norden dahin, bei der Verzweigung geradeaus weiter, die Skiabfahrt queren, an der kleinen Bernadein-Diensthütte vorbei, in geringem Auf und Ab nach Nordwesten. Allmählich ansteigend, dann an bizarren Felsformationen vorbei und zum Fahrweg hinauf. Ab dort auf einer der Anstiegsrouten oder ab dem Kreuzeckhaus mit der Kreuzeckbahn ins Tal zurück.

Tipp

Gelegenheit zum Baden bietet der etwas abseits gelegene Stuibensee (nur an sehr heißen Sommertagen).

18 Mit und ohne Rad ins Schachentor, 1873 m

Von Ellmau durch den Wettersteinwald

leicht
3:30 Std.
870 Höhenmeter

Schwierigkeit: Leicht. Wer mit dem Rad zur Wettersteinalm auffährt, muss mit rund 15 % Steigung fertig werden.
Beste Jahreszeit: Frühsommer bis später Herbst.
Charakter: Nach einer sehr langen Forststraße durch den Schachenwald (5,8 km) folgt ein bezaubernder Aufstieg in das aussichtsreiche Schachentor. Ein Gipfel wird bei dieser schönen Tour nicht erreicht.
Talort: Klais (952 m).
Ausgangspunkt: Wanderparkplatz Ellmau (1003 m).
Anfahrt: Mit der Bahn bis Klais und dann mit Taxi zum Ausgangspunkt oder mit dem Pkw über Garmisch-Partenkirchen oder Mittenwald bis Klais und auf mautpflichtiger Straße über Schloss Ellmau zum Wanderparkplatz südlich von Ellmau.
Einkehr: Wettersteinalm (1464 m; Einkehr), Gasthaus Alpenhof in der Nähe des Ausgangspunktes und evtl. Schachenhaus (auch Übernachtung).
Karten: Topografische Karte des Bayer. Landesvermessungsamtes, 1:50 000, Blatt Werdenfelser Land oder Kompass-Wanderkarte, 1:50 000, Blatt 5 (Wettersteingebirge – Zugspitzgebiet).

Der lange Zuweg zum Schachenhaus und zum Königsschloss am Schachen wird sehr oft zu Fuß durchgeführt. Dabei bietet sich die mäßig steile Fahrstraße geradezu fürs Mountainbike an. Nur über dem Schachenhaus, wo die Straße noch im Urzustand ist (Reitweg für König Ludwig II.), wird es grimmig steil. Aber dort kommt man bei der hier vorgeschlagenen Route gar nicht hin. Man begnügt sich mit dem Schachentor, das über das Königsschloss einen eindrucksvollen Blick zu den höchsten Bergen des Wettersteins gewährt. Übrigens, wer versucht, weglos dem Schachentorkopf (1957 m) aufs Haupt zu steigen, wird im dichten Latschenverhau und in wilden Felsabbrüchen höchstwahrscheinlich scheitern.

Strahlender Bergtag im Schachentor

Tipp
Lohnend wäre der Übergang vom Schachentor durch ein weites Geröllkar zum Königsschloss am Schachen bzw. zum Biergarten des Schachenhauses (45 Min. zusätzlich).

18

Aufstieg: Vom Parkplatz am Fahrweg neben dem Ellmauer Bach talein, bald durch eine Rechtskehre und zunächst recht flach am Schachenweg nach Südwesten hinauf. Allmählich schwingt sich die Straße auf und schafft über ein längeres Stück immerhin 15 % Steigung. Dann wird es wieder deutlich flacher und gleich hinter dem Flachstück verzweigt sich der Fahrweg. Dort links abbiegen, anfangs noch ziemlich eben durch weite Kurven, aber schon bald wieder sportlich steil zur nächsten Abzweigung auf 1235 Meter Höhe. Dort rechts weiter und nach Süden durch den Wettersteinwald hinauf.

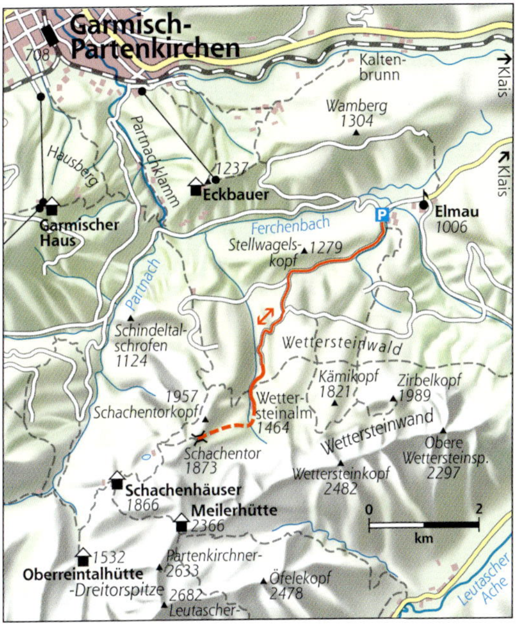

Der Untergrund wird im weiteren Verlauf deutlich gröber. Gleich hinter einem Weidegatter verzweigt sich der Weg. Auf der linken Variante nach Süden zur Wettersteinalm. Wer mit dem Rad heraufgekommen ist, stellt den Drahtesel dort ab.

Von der Wettersteinalm auf einem groben, steilen Bergweg zuerst nach Süden hinauf. Dann in weitem Rechtsbogen weiter, durch einen kurzen und relativ breiten Felseinschnitt und in ein weites, malerisches Tal. Unter den markanten Felsengebilden der Wettersteinwand am Wiesenweg nur gering ansteigend nach Südwesten hinauf. Langsam wird dieser Weg aber immer steiler und stößt in das Schachentor, das zwischen den wilden, felsigen Nordabstürzen des Frauenalpkopfs und dem mit Latschen bewachsenen, schrofigen Schachentorkopf liegt.

Abstieg: Entlang der Aufstiegsroute.

19 Auf den Zirbelkopf, 1989 m

Gipfel der Einsamkeit

anspruchsvoll

7 Std.

1050 Höhenmeter

Schwierigkeit: Nur für den Gipfelanstieg zum Zirbelkopf braucht man etwas Klettergewandtheit (I-II). Trittsicherheit und Schwindelfreiheit sollten selbstverständlich sein. Der Rest der Wanderung ist leicht.
Beste Jahreszeit: Sommer und Herbst.
Charakter: Sehr einsame Wanderung mit schönen Ausblicken ins Werdenfelser Land. Nach Süden sieht man allerdings außer der markanten, viel höheren Wettersteinwand nichts.
Talort: Klais (952 m).
Ausgangspunkt: Wanderparkplatz hinter Ellmau, am Beginn des Schachenwegs (1003 m).
Anfahrt: Mit der Bahn bis Klais und dann mit dem Taxi zum Ausgangspunkt oder mit dem Pkw über Garmisch-Partenkirchen oder Mittenwald bis Klais und auf mautpflichtiger Straße über Schloss Ellmau zum Wanderparkplatz südlich von Ellmau.
Einkehr/Übernachtung: Im Alpengasthof gleich unter dem Ausgangspunkt. Auf der Route gibt es keine Einkehrmöglichkeit.
Karten: Topografische Karte des Bayer. Landesvermessungsamtes, 1:50 000, Blatt Werdenfelser Land oder Kompass-Wanderkarte, 1:50 000, Blatt 5 (Wettersteingebirge – Zugspitzgebiet).

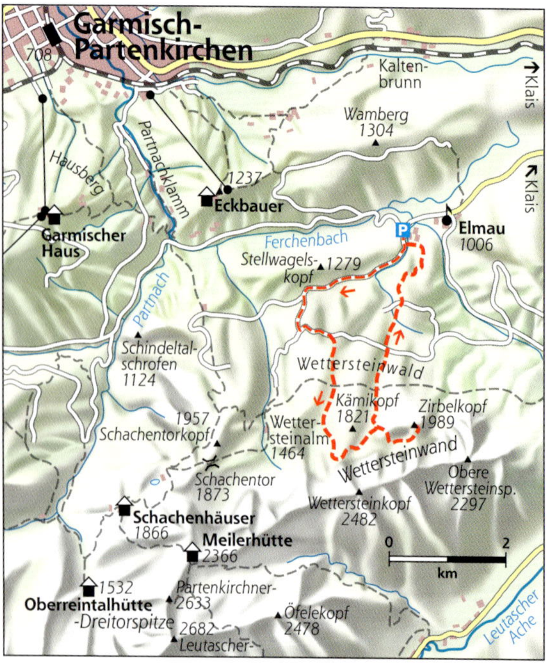

Eigentlich werden auf dieser Route zwei Höhepunkte erreicht. Den ersten als Gipfel zu bezeichnen, wäre aber übertrieben, denn der dem Kämikopf südlich vorgelagerte unbenannte Punkt (1861 m) hat dieses Prädikat kaum verdient. Er wird auch höchst selten bestiegen, allenfalls von einer im Winter das Skitourengehen übenden Kompanie Soldaten. Als eigenständiger und markanter Gipfel hinge-

Gipfelblick vom Zirbelkopf zum Zugspitzmassiv

gen gibt sich der Zirbelkopf. Wer zu ihm hinauf will, muss streckenweise kräftig zupacken, und das sieht man dem Berg an. Auch er wird – wenn überhaupt – fast nur von Soldaten bestiegen, die in Mittenwald stationiert sind. Wenn sich in einer Saison gerade mal 30 Leute ins Gipfelbuch eintragen, sind das am Zirbelkopf schon viele.

Aufstieg: Vom Wanderparkplatz schwach ansteigend die Schachenstraße neben dem Ellmauer Bach hinauf. Nach einer steileren Etappe flacht die Straße ab und verzweigt sich. Dort links halten und Wegtafeln Richtung Schachen folgen. An der übernächsten Abzweigung links abdrehen und auf der beliebten Mountainbike-Route Richtung Ferchensee – Mittenwald weiter. Durch ein paar Kurven nach Osten hinauf und in einer Lichtung hinter dem Holzplatz am zweiten Holzziehweg rechts abzweigen. Auf steiler Wegspur hinauf und nicht am Wanderweg zur Wettersteinalm weiter, sondern geradeaus nach Südosten. Im weiteren Verlauf den so genannten Schützensteig queren und auf der unmarkierten Route weiter, die sich zu einem schmalen Bergpfad zusammenschnürt. Sie führt in eine malerische Bergwiese hinein und schwenkt nach links, um neben einem Graben durch schütteren Wald anzusteigen. Schließlich quert sie, ein wenig rechts haltend, den Graben und führt im Krummholz nach Süden hinauf. Am unteren Ende eines Geröllhangs dreht der Anstiegsweg links ab, führt über einen Latschenrücken hinauf und stößt in den Sattel unterhalb des 1861-Meter-Punkts. Wer Lust hat, steigt von dort gegen Norden in wenigen Minuten zu dieser unbedeutenden und namenlosen, den Kämikopf überragenden Erhebung durch dichten Latschenverhau auf.

Wesentlich anregender fällt die weitere Route zum Zirbelkopf aus. Sie führt – weitgehend weglos, aber leicht – aus dem Sattel gegen

Der Zirbelkopf

Osten etwas abwärts und stößt neben eindrucksvollen Sturzblöcken zu einer Wegspur. Diese quert die freien Hänge nach Nordosten und fällt in eine fast schaurig wirkende Hangmulde ab. Ein schmales Weglein steigt nun stramm über steile Wiesen nach Südosten an und

Tipp

Wer das Abenteuer sucht, kann auf einer alten, spannenden Route sehr verwegen absteigen. Sie führt unter dem Zirbelkopf im ersten Bachgraben nach Norden hinunter und ist immer wieder so zugewachsen oder verfallen, dass sie streckenweise nicht mehr erkennbar ist. Am unteren Ende einer wilden Bachschlucht muss man sich links halten und ohne Weg durch dichtes Buschwerk zum schönen Abstiegsweg queren. Ab dort geht es dann recht einfach ins Tal zurück.

19

schwenkt im weiteren Verlauf links ab, um durch ein Hangtal steil anzusteigen. Auf die Wegspuren kann man sich dort nicht verlassen, denn diese hören immer wieder mal auf. Man muss sich an die rechte Hangseite halten, dann kann kaum etwas schief gehen. Endlich kommt man neben einem markanten Felsen in eine enge Scharte. Dort links abdrehen, über Felsen in lustiger Kraxelei durch eine Rinne hinauf und dann auf markierter Route einem Felsenriegel entlang und in Latschenbuschwerk hinein. Durch dieses zum Ostgrat und auf ihm zum Gipfel.

Abstieg: Anfangs entlang der Aufstiegsroute zurück. Dabei gut darauf achten, sich in der steilen Mulde unterhalb der engen Scharte frühzeitig links zu halten, damit man nicht in eine unwegsame Steilrinne kommt. Im Tal nach den eindrucksvollen Sturzblöcken rechts und auf einem steilen, aber schönen Bergweg nach Norden zu einem von Lawinen beschädigten Wald hinunter. Dort quert man Fahrspuren und hält sich ein wenig links, um den Anstiegsweg neben dem Bach zu erreichen. Nun im Wald gegen Norden hinunter, den Bannholzweg queren, weiter unten wieder über einen Fahrweg und gleich darunter links abbiegen. Auf engem Sträßchen etwas ansteigend weiter und dann abwärts gehend in einer Rechtskehre nach links zum Wanderweg abzweigen, der zum Reiterhof führt. Hinter dem Hof über den Ellmauer Bach – dann ist der Ausgangspunkt wieder erreicht.

Übergang vom Kämikopf zum Zirbelkopf, unter der Wettersteinwand

20 Steil hinauf zur Hohen Kisten, 1922 m

Durchs stille Pustertal

anspruchsvoll

6:45 Std.

1300 Höhenmeter

Schwierigkeit: Anstrengende Bergtour. Für den Gipfelanstieg muss man trittsicher und schwindelfrei sein.
Beste Jahreszeit: Sommer und Herbst.
Charakter: Die Hohe Kisten, einer der beliebteren Berge des Estergebirges, wird relativ oft bestiegen. Die meisten Gipfelstürmer kommen auf einer langen, monotonen Forststraße mit dem Rad von Eschenlohe zur Kühalm herauf, damit sie keinen langen Fußmarsch zum Gipfel mehr zu bewältigen haben. Viele Wanderer pilgern auch von der Weilheimer Hütte herüber, und manche steigen durch die steile Kistenreiße herauf und fahren durch sie sogar auf den Stiefelsohlen oder mit Skiern ab. Die schönste Route an der Hohen Kisten aber ist bis jetzt einigermaßen verschwiegen geblieben. Sie steigt durch das Pustertal an, durch das man – wenigstens im oberen Bereich – auf einem alternativen Weg wieder absteigen kann.
Talort: Eschenlohe (639 m).
Ausgangspunkt: Wanderparkplatz in Eschenlohe-Wengen (670 m).
Anfahrt: Bahnverbindung ab München bzw. Innsbruck. Mit dem Auto auf der Autobahn von München zur letzten Ausfahrt vor dem Autobahnende und dann nach Eschenlohe.
Einkehr/Übernachtung: Direkt an der Route keine Möglichkeit. Das Krottenkopfhaus (Weilheimer Hütte) wäre aber erreichbar. Sonst in Eschenlohe.
Karten: Topografische Karte des Bayer. Landesvermessungsamtes, 1:50 000, Blatt Werdenfelser Land oder Kompass-Wanderkarte, 1:50 000, Blatt 6 (Walchensee – Wallgau – Krün).

Im Pustertal

Wer den eigenartigen Namen dieses Berges klären will, steht vor einem Rätsel. Mit einer Kiste jedenfalls hat er nichts zu tun, denn der Name lautet eindeutig »Hohe Kisten« und nicht »Kiste«. Überhaupt ist es mit den Namen dort etwas verwirrend. Die Route führt nämlich durch das Pustertal hinauf. Mit dem Südtiroler Pustertal besteht aber auch keine Verbindung. Es ist einfach so im Alpenbereich,

20

Tipp

Besonders lohnend ist der kurze, einfache Abstecher zur Asamklamm hinab. Eine Brücke überquert die Klamm und gibt eindrucksvolle Tiefblicke frei. Bei der Abstiegsroute gibt es auf der Forststraße einen Wegweiser zur Klamm.

dass sich Geländenamen häufig wiederholen. Beispiele dafür gibt es genug. Auch der Name Kühalm, die es an der Hohen Kisten gibt, ist keine Seltenheit, ebenso wie die Namen der benachbarten Gipfel: Krottenkopf, Bischof, Zunderkopf, Rißkopf, Kareck, Hennenkopf, Zwölferkopf, Predigtstuhl usw.

Aufstieg: Vom Ausgangspunkt der Forststraße zur Wegabzweigung hinter einem Unterstand. Bis dorthin sind es (auch mit dem Mountainbike zu schaffende) 4,6 Kilometer. Dort nach rechts dem anfangs breiten, dann relativ schmalen Bergweg mehrmals auf- und abwärts nach Südwesten ins Pustertal folgen. An der Wegverzweigung rechts abbiegen und relativ stark ansteigend weiter. Unter dem Elferköpfl führt die Route durch ein paar Bachreißen und (am Drahtseil) an einem steilen Felsenhang entlang. Anschließend geht es zum Pustertal-Jagdhaus in einer Wiesenebene. Über den Boden hinweg und in Latschengebüsch hinein. Anschließend wieder deutlich steiler aufwärts und links abdrehend in einen Geröllhang. Beschwerlich über den Schutt hinauf und neben einem Graben zu einem Felsenband, unter dem der Bergpfad rechts abzweigt. Am Rand von Geröll (oder – je nach Jahreszeit – ausgedehnten Firnfeldern) ein wenig rechts halten und wieder in ansprechenderes Berggelände hinein. Auf der Höhe von rund

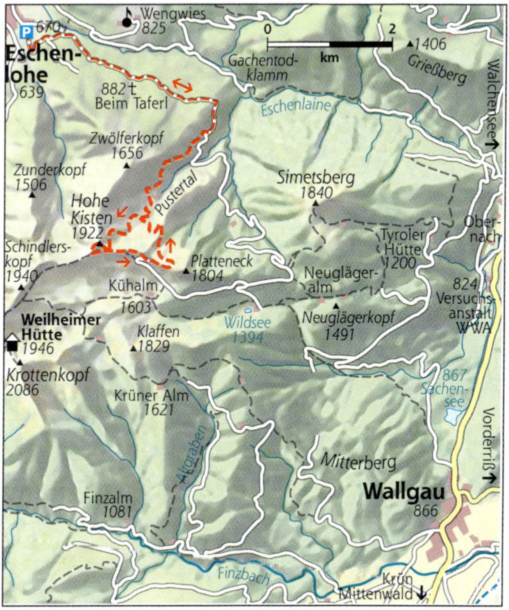

20

1700 Meter schwenkt der Anstieg nach links, quert ein breites Kar und führt über eine Felsbarriere zur Grathöhe hinauf. Auf der Scheitelstrecke rechts halten und am Pfad kurz weiter, bis der deutliche Gipfelweg rechts abzweigt. Auf ihm ein wenig luftig zum Gipfelkreuz empor.

Abstieg: Anfangs auf der Anstiegsroute hinab. Die Grathöhe aber nicht nach links verlassen, sondern gegen Osten absteigen, an der nächsten Abzweigung links halten und am Jagdhaus (noch oberhalb der Kühalm) vorbei. Zum Sattel unter dem Platteneck hinüber und auf einem schönen Bergweg links abdrehen. Er führt – gelegentlich etwas rau – zum Hinteren Möselgratl hinunter. Über das Gratl hinweg und nach Nordwesten weiter, bis die Anstiegsroute erreicht ist. Auf ihr ins Tal zurück.

Schau über die Asamklamm nach Eschenlohe

Ölrain, 1542 m, und Hirschberg, 1659 m

21

Verschwiegenes Gipfelduo im Estergebirge

leicht

3:45 Std.

850 Höhenmeter

Schwierigkeit: Leicht, aber steil.
Beste Jahreszeit: Sommer und Herbst.
Charakter: Wenig durchgeführte Wanderung auf nette Voralpengipfel mit umfassender Aussicht ins Oberland zum Karwendel und ins Werdenfelser Land.
Talort: Ohlstadt (664 m).
Ausgangspunkt: Parkplatz am südlichen Ortsrand von Ohlstadt (694 m).
Anfahrt: Bahnverbindung München – Murnau bis Ohlstadt, mit dem Auto auf der Autobahn München – Garmisch bis Ausfahrt Murnau und weiter nach Ohlstadt.
Einkehr/Übernachtung: Nur in Ohlstadt.
Karten: Topografische Karte des Bayer. Landesvermessungsamtes, 1:50 000, Blatt Bad Tölz – Lenggries und Umgebung oder Kompass-Wanderkarte, 1:50 000, Blatt 6 (Walchensee – Wallgau – Krün).

Ambitionierte Bergsteiger werden kaum auf die Idee kommen, den beiden Bergeshöhen Ölrain und Hirschberg einen Besuch abzustatten. Dafür sind sie zu unbedeutend. Weil das so ist, gibt es dort nur wenig Andrang. Aber man sollte diese »Mugel« nicht ganz aus dem alpinen Gedächtnis streichen. Es gibt durchaus Situationen, in denen man um solche Ziele froh ist. Beispielsweise in einem schneearmen Winter, wenn hoch droben eine bescheidene Schneedecke liegt, die zum Bergsteigen zu hoch und zum Skifahren zu niedrig ist. Dann entsinnt man sich der beiden Gipfel, die dadurch eine gewisse Aktualität bekommen.

Aufstieg: Vom Parkplatz am Südrand von Ohlstadt (dem Wegweiser »Heimgarten über Wankhütte und Rauheck« folgend) über den Bach, am Schießstand vorbei und am Fahrweg über einen weiten

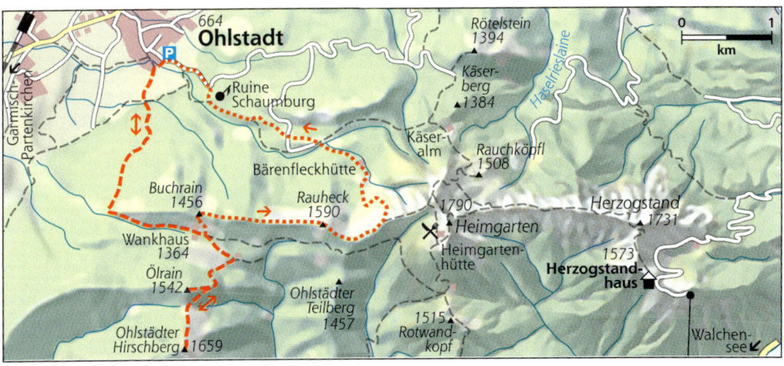

21

Wiesenhang gegen Süden. Nach rund 5 Minuten Gehzeit führt das Sträßchen in den Wald hinein, beschreibt eine Linkskurve und kreuzt den als Rundweg bezeichneten Spazierweg. Geradeaus weiter, über den Greiterbach und dann der groben, steilen Fahrspur folgen, die sich zu einem Holzweg zusammenschnürt. Er steigt im Wald grimmig an, verengt sich zu einem Bergpfad und schwenkt am Marterl auf 907 Meter etwas nach links. Auf der Höhe von etwa 1070 Meter kommt man an einem Rastplatz mit schöner Aussicht vorbei, und gleich dahinter knickt die Route links ab. Zwischen dem Buchrain-Westrücken und dem tief eingeschnittenen Graben des Kräuterbachs führt sie nun, unterbrochen von wenigen Kehren, steil gegen Osten hinauf, bis sie bei einer Höhe von etwa 1250 Meter spürbar abflacht.

Der Hirschberg

Bald darauf stößt der Steig auf eine Waldlichtung, in der die kleine Wankhütte steht. Dort geradeaus weiter und zur Wegabzweigung in Richtung Buchrain und Heimgarten. Auch dort geradeaus weitergehen, einer schlechten Fahrspur durch schütteren Wald folgen, bis schließlich eine Forststraße erreicht ist. Diese nach rechts queren und gegen Süden auf eine weite Wiese abbiegen. Über diese Wiese weglos hinwegwandern, bis die am Ölrain-Nordhang ansteigende, deutliche Pfadspur erreicht ist. Auf ihr wieder in den Wald hinein und zum Ostrücken des Ölrains hinauf. Dort rechts abdrehen und gegen Westen weiter. Auf der Höhe von 1480 Meter zweigt

Tipp

Eine interessante, aber sehr weite und anstrengende Abstiegsvariante führt von der Wankhütte in Kehren durch den Wald zum Kreuz am Buchrain (1456 m) hinauf, dreht dort rechts ab und verläuft gering ansteigend gegen Osten, am Kreuz auf 1535 m Höhe vorbei und zum Rauheck (1590 m). Von diesem Gipfel weiter nach Osten, in einen bewaldeten Sattel hinab und wieder ansteigend auf den Heimgarten zu. Auf der Höhe von etwa 1600 m bei der Wegverzweigung links und steil durch das Geißtal zur privaten Bärenfleckhütte (1230 m) und zum Schwarzraingraben hinunter. Über den Bach und auf Forststraßen und steilen Waldwegen nach Ohlstadt zurück. Für diese Variante mit zusätzlichen 250 Höhenmetern muss man rund 2 Stunden Zeit einplanen.

21

nach links eine Pfadspur ab, die gegen Südwesten in den weiten Sattel zwischen Ölrain und Hirschberg führt und von dort über den licht bewaldeten Nordrücken steil zum Hirschberg ansteigt. Zum Ölrain zweigt man dort nicht nach links ab, sondern folgt dem Weglein geradeaus zum höchsten Punkt.

Abstieg: Entlang der Aufstiegsroute.

Gipfelrast am Hirschberg

22 Walchenseeblicke vom Simetsberg, 1840 m

Von Einsiedl herauf

leicht

4 Std.

1040 Höhenmeter

Schwierigkeit: Leichte Vorgebirgswanderung ohne Schwierigkeiten.
Beste Jahreszeit: Sommer und Herbst, bei geringer Schneelage sogar im Winter möglich.
Charakter: In den unteren Bereichen auf langen Fahrwegen durch dichten Wald. Erst in Gipfelnähe öffnet sich eine großartige Rundschau.
Talort: Walchensee (804 m).
Ausgangspunkt: Parkplatz in Einsiedl (807 m).
Anfahrt: Busverbindung ab Bahnhof Mittenwald. Mit dem Auto auf der Autobahn München – Garmisch bis Ausfahrt Murnau und dann über Großweil – Kochel, Kesselbergstraße nach Urfeld und auf der B 11 bis zum Ausgangspunkt.
Einkehr/Übernachtung: An der Route leider nicht möglich.
Karten: Topografische Karte des Bayer. Landesvermessungsamtes, 1:50 000, Blatt Bad Tölz – Lenggries und Umgebung oder Kompass-Wanderkarte, 1:50 000, Blatt 6 (Walchensee – Wallgau – Krün).

Zu einem richtigen Renner hat es der Simetsberg nie gebracht. Diese zweifelhafte Ehre wird im Estergebirge nach wie vor dem seilbahnverkabelten Gipfelgespann Herzogstand/Heimgarten zuteil. Das findet der engagierte Wanderer ganz gut so, dann bleibt ihm der nachbarschaftliche Simetsberg mit schöner Rundschau etwas ruhiger erhalten. Ein Geheimtipp ist der Berg natürlich längst nicht mehr, aber beschaulich ist er geblieben.

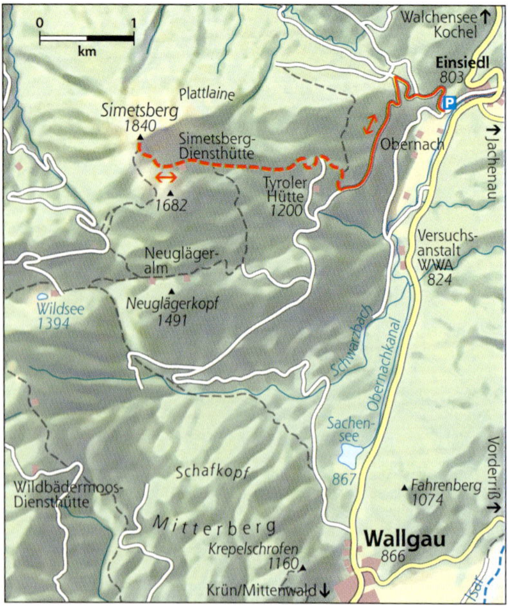

Tipp

Stramme Radfahrer kurbeln mit dem Mountainbike auf der steilen Simetsbergstraße bis zum Aussichtsplatz hinauf und dann gegen Westen, später Norden, soweit es die Pedale, die Kette und die Waden aushalten ...

Anstieg zum Simetsberg, unten der Walchensee

Aufstieg: Vom Wohnmobil-Nachtparkplatz auf einer Forststraße hinauf und an den folgenden drei Verzweigungen links halten. Die Simetsberg-Forststraße steigt relativ steil am Hang entlang nach Süden an. Es gibt zwar mehrere Möglichkeiten, doch am einfachsten ist es, bei einem kleinen Rastplatz auf rund 1100 Meter Höhe, wo es auch einen frischen Brunnen gibt, in den dichten Wald nach rechts zum Bergweg abzuzweigen und auf dem markierten Wurzelweg anfangs nach Norden, dann mehr gegen Westen hin anzusteigen.

Auf der Höhe von rund 1480 Meter kommt auf der linken Seite ein Bergweg von Wallgau herauf, und dann wird's sehr steil. In einer Waldlichtung schwingt sich der Pfad stramm zur kleinen Simetsberg-Diensthütte auf 1610 Meter Höhe auf. Von dort kann man den weiteren Aufstieg ganz gut überschauen. Er führt über freie Wiesenhänge gegen Westen an und dreht auf einem breiten Rücken rechts ab, um nach Norden in Latschenbuschwerk einzutauchen, bis er schließlich am netten Gipfelkreuz endet.

Abstieg: Entlang der Aufstiegsroute.

23 Gumpenkar-, 2019 m, Krapfenkarspitze, 2109 m

Von Krün über Fischbachalm und Soiernhaus

mittel

7:30 Std.

1290 Höhenmeter

Schwierigkeit: Leichte, aber lange Wanderung. Allenfalls beim Übergang von der Gumpenkarspitze zur Krapfenkarspitze sind – hauptsächlich beim Gipfelanstieg – etwas Trittsicherheit und Schwindelfreiheit erforderlich.
Beste Jahreszeit: Sommer und Herbst.
Charakter: Wer ohne Mountainbike heraufkommt, ist gut beraten, im Soiernhaus zu übernachten, damit die lange Tour nicht zu anstrengend wird, denn ohne Rad ist sie für einen einzigen Tag zu lang (3 Std. mehr Zeit müssen eingeplant werden, also rund 7:30 Std. für den Aufstieg). Wer sich jedoch in Krün aufs Rad schwingt, kann – sofern er fit ist – bis zur Fischbachalm 6,8 km und 527 Höhenmeter hinaufstrampeln. Das kostet Kalorien. Unermüdliche Radler lassen ihr Bike von der Fischbachalm sogar wieder 120 Höhenmeter zum Hundsstall hinunterflitzen, um von dort in Richtung Soiernhaus aufzusteigen. Wer es eher genüsslich mag, zweigt bei der Fischbachalm zum Lakaiensteig ab und geht auf ihm zum Soiernhaus hinüber.
Talort: Krün (875 m).
Ausgangspunkt: Wanderparkplatz an der Isar (870 m).
Anfahrt: Busverbindung Garmisch – Mittenwald – Wallgau oder Garmisch –Mittenwald – Kochel – Bad Tölz. Mit dem Auto von der Autobahnausfahrt Murnau über Kochel – Urfeld – Wallgau nach Krün.
Einkehr/Übernachtung: Fischbachalm (1400 m) und Soiernhaus (1611 m).
Karten: Topografische Karte des Bayer. Landesvermessungsamtes, 1:50 000, Blatt Wettersteingebirge oder Kompass-Wanderkarte, 1:50 000, Blatt 6 (Walchensee – Wallgau – Krün).

Die Soierngruppe mit ihren unwirtlichen Felsenhäuptern, die von brüchigem Kalk und steilen Reißen gekennzeichnet sind, kennt man vor allem wegen der beliebten Gipfelziele Schöttelkar- und Soiernspitze. Doch gibt es in diesem Bergrund auch ein paar Gipfel, die keine so berühmten Namen haben, und dazu zählen unsere beiden Ziele. Natürlich hat man von ihnen hervorragende

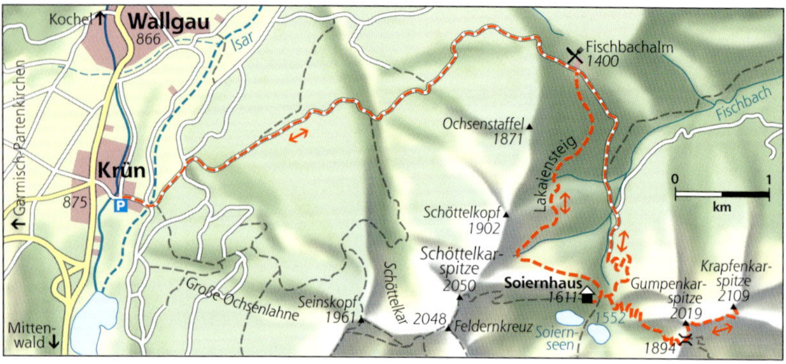

23

Blicke in den Soiernkessel mit seinen beiden Seeaugen und auf die tristen Felsenberge darüber.

Aufstieg: Vom Parkplatz in Krün zur Isar hinüber und unmittelbar hinter der Brücke links abbiegen. Neben der Isar nach Nordosten dahin, bis sich der Hang allmählich aufschwingt. In den Wald hinein und am Fischbachweg in wechselnder Steigung gegen Nordosten hinauf. Immer wieder kommen dabei ein paar flachere Etappen, die zum Verschnaufen gut sind, egal, ob man zu Fuß oder mit dem Bike unterwegs ist. Doch dann wird die Auffahrt kritisch. Eine gut 200 Höhenmeter lange und steile Straßenetappe lässt den Radler ordentlich ins Schwitzen kommen, und wer nicht gut im Saft steht, schiebt sein Gefährt besser. Schließlich wird die Fischbachalm (1400 m) erreicht. Dort kann man das Fahrrad deponieren und gegen Süden zum Lakaiensteig weitergehen. Früher sind auf ihm die Lakaien zum Königshaus (heute Soiernhaus) aufgestiegen, damit sie vor ihrem König oben waren, der hoch zu Ross durch den Hundsstall heraufgeritten kam. So konnten die Diener das Wichtigste vorbereiten.

Gipfelanstieg zur Krapfenkarspitze

Der Lakaiensteig wendet sich unter Ochsenstaffel und Schöttelkopf dem steilen Hang entlang und führt direkt zum Soiernhaus. Wer es dem König Ludwig fast gleichtun will, reitet am Drahtesel flott die rund 120 Höhenmeter von der Fischbachalm zum Hundsstall talwärts. In der weiten Talsenke stellt man das Rad ab oder plagt sich auf dem groben und schmalen Fahrweg bis zur Talstation der Materialseilbahn hinauf, wo es mit dem Bike nun wirklich vorbei ist. Nun am gut ausgebauten, königlichen Reitsteig, der sich in weit ausholenden Kehren neben einem Steilabbruch,

23

am eindrucksvollen Wasserfall vorbei, zum weiten Sattel unter dem Soiernhaus schlängelt. Bei der Wegverzweigung geradeaus Richtung Jägersruh weiter. Auf der linken Hangseite steigt ein guter Steig moderat an und führt übers Geröll gegen Südosten zum Sattel Jägersruh hinauf, der zwischen Soiernspitze und Gumpenkarspitze liegt. Im Sattel links abzweigen und auf Trittspuren zur Gumpenkarspitze.

Tipp

An sehr heißen Sommertagen kann man in den beiden Soiernseen baden. Auf ein Schifflein (wie es der Märchenkönig Ludwig II. einst dort oben hatte) wird man leider verzichten müssen.

Wer weitergehen will, folgt dem Grat etwa 40 Höhenmeter nach Osten hinab und nach einer Grateinsattelung wieder aufwärts. Über eine schöne Wiese und zwischen den folgenden groben Felsen etwas links. Dabei hat man die glatte, eindrucksvolle Südwestwand der Krapfenkarspitze vor Augen. Unschwierig zum Gipfel-Südgrat hinauf, dann ein wenig rechts ausweichen und auf der Ostseite des Grats am schmalen Grasweg (Vorsicht bei Nässe) gegen Norden zum höchsten Punkt hinauf.

Abstieg: Entlang der Aufstiegsroute.

Der Soiernkessel mit den beiden Soiernseen, hinten die Schöttelkarspitze

Rundtour über die Torscharte, 1815 m

24

Vom Tortal ins Rohntal

mittel

4:30 Std.

840 Höhenmeter

Schwierigkeit: Leichte, aber stellenweise steile Rundwanderung.
Beste Jahreszeit: Ab Mitte/Ende Mai (je nach Schneesituation) bis zum ersten ergiebigen Schneefall.
Charakter: Landschaftlich prächtige Rundtour im Schatten markanter und kaum bekannter Karwendelberge. Ein Gipfel wird nicht erreicht.
Talort: Hinterriß (928 m).
Ausgangspunkt: Parkplatz P 1 (Neunerbrücke) in Hinterriß (961 m).
Anfahrt: RVO-Bergsteigerbus ab Lenggries (nur im Sommer). Mit dem Auto durch den Isarwinkel, über den Sylvensteinsee und durchs Rißtal zum Ausgangspunkt.
Einkehr/Übernachtung: In Hinterriß und bescheiden in der Rohntalalm.
Karten: Topografische Karte des Bayer. Landesvermessungsamtes, 1:50 000, Blatt Karwendel oder Kompass-Wanderkarte, 1:50 000, Blatt 26 (Karwendelgebirge).

Von der Östlichen Karwendelspitze zieht sich in leichtem Bogen ein wilder, zerklüfteter Bergkamm gegen Osten hin, dessen Gipfel so gut wie nie Besuch erhalten. Sie sind für uns Wanderer nicht erschlossen und tragen so selten gehörte Namen wie Stuhlkopf, Tafelspitze, Kuhkopf, Lackenkarkopf und Grabenkarspitze. Genau diese Berge sind es, die für diese bescheidene Tour einen imposanten Rahmen bilden – allerdings von unten betrachtet. Wenn auch bei der Wanderung selber kein Gipfel erreicht wird, so bleibt ein interessanter Weg und – weil's so schön ist –

Tipp

Diese Tour eignet sich gut für Kinder ab 11 Jahren. Bei der Rast in der Torscharte können sie (unter Aufsicht) auch etwas herumkraxeln.

sogar eine Jausenstation beim Abstieg. Wer Lust hat, kann die Rundtour auch in der entgegengesetzten Richtung durchführen.

Aufstieg: Vom Parkplatz in das Tortal hinein und bei der ersten Wegverzweigung im Wald rechts weiter. Lange am Fahrweg oberhalb des Torbachs gegen Süden relativ eben dahin. Beim Tortal-Niederleger schnürt sich das Sträßchen zu einem schmalen Bergpfad zusammen. Hinter der Alm, die eindrucksvollen Tortalwände vor Augen, schwenkt die Route mit dem Tal nach rechts und wendet sich gegen Nordwesten. Der felsige Pfad schlängelt sich mäßig steil bergwärts, an glatten, schrägen Felsenflächen vorbei und in einen Gratsattel hinein.

Der malerische Rohntalboden vor Östlicher Karwendelspitze und Vogelkarspitze

Vom Sattel kurz abwärts und zum kleinen Tortal-Hochleger (1570 m). Gut 200 Höhenmeter folgt man über die steilen Weidehänge der Wegspur und passt bei feuchtem Wetter höllisch auf, dass man nicht ausrutscht, bis man in der Torscharte ankommt. Die verkrautete Scharte lädt kaum zu einer Pause ein. Da lohnt es sich, ein Stück gegen Norden zum felsigen Grat hinaufzusteigen. Dort sind die Plätze bequemer, vom Wind geschützt und die Aussicht ist schöner.

Frühling im Tortal

Abstieg: Von der Scharte auf schmieriger Wegspur gegen Westen hinab, bis man ins Geröll kommt. Etwas rechts schwenken, durch das Grieß hinunter und über den Rohntalboden mit alten Ahornbäumen zur bewirtschafteten Rohntalalm hinaus. Von der Alm am Fahrweg in 45 Minuten nach Hinterriß zurück.

Aussichtsreiches Schönalmjoch, 1986 m

25

Aus dem Rißtal über steile Sonnenhänge

leicht

5:15 Std.

1040 Höhenmeter

Schwierigkeit: Leicht, aber steil. Gipfelanstieg weitgehend weglos.
Beste Jahreszeit: Frühsommer bis später Herbst. Im Sommer sehr heiß.
Charakter: Erstaunlich schöner Weg über steile Südhänge mit großartigen Ausblicken.
Talort: Hinterriß (961 m).
Ausgangspunkt: Fuggerangeralm (950 m): 0,75 km östlich der Mautstelle.
Anfahrt: Bergsteigerbus ab Lenggries (nur in der Wandersaison). Mit dem Auto aus dem Isarwinkel zum Sylvensteinsee und durch das Rißtal zum Ausgangspunkt. Wer die Maut wegen der 750 m langen kostenpflichtigen Strecke nicht zahlen will, fährt das letzte Stück mit dem Rad oder geht zu Fuß.
Einkehr/Übernachtung: In Hinterriß.
Karten: Topografische Karte des Bayer. Landesvermessungsamtes, 1:50 000, Blatt Karwendel oder Kompass-Wanderkarte, 1:50 000, Blatt 26 (Karwendelgebirge).

Tipp

Wer unbedingt noch zu einem weiteren Gipfel hinauf will, folgt beim Abstieg dem Grat gegen Osten und steigt zur Fleischbank (2026 m) in einer guten halben Stunde auf. Die Tour eignet sich gut für Kinder (ab ca. 12 Jahren).

Von Hinterriß kommen im Winter hin und wieder ein paar Skitourengeher zum Schönalmjoch hinauf, wenn auf den weiten Südhängen genügend Schnee liegt. Im Sommer dagegen sieht man außer (leider zu vielen) Rindviechern kaum jemanden dort oben. Wie fast überall im Alpenbereich hat das zentnerschwere Weidevieh auch am Schönalmjoch die Hänge weitgehend ruiniert, und deshalb braucht man in Gipfelnähe gutes Schuhwerk und etwas Toleranz, damit man sich einen schönen Bergtag nicht vermiesen lässt.

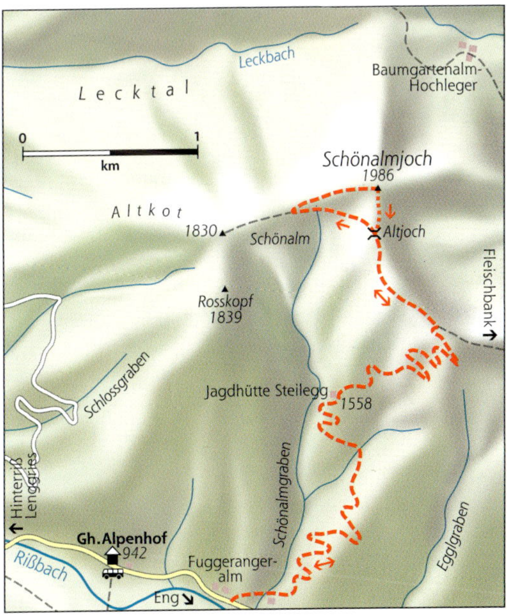

25

Aufstieg: Östlich der Fuggerangeralm bei den Wanderwegetafeln ein paar Meter nach Norden hinauf, dann rechts abdrehen und über den Schönalmbach hinweg. Auf schmalem Steig östlich des Schönalmgrabens durch schütteren Wald und freie Wiesen mäßig steil zunächst gegen Nordosten, später gegen Norden in vielen Kehren hinauf. Auf der Höhe von 1410 Meter etwas links haltend an den Rand eines steilen Grabens, wo am Vormittag noch Schatten ist. Eben zum Bachgraben hinüber, über den Bach und in Kehren zum Jagdhaus Steilegg (1558 m) hinauf. Gegen Nordosten weiter und genau auf die Markierung achten, denn einige unmarkierte Trittspuren führen in die Irre.

Der Gipfelrücken des Schönalmjochs

Kurz unter der Grathöhe verzweigt sich die Route. Dort links halten und ein Stück gegen Nordwesten eben den Hang entlang. Das Latschenbuschwerk endet, und es geht über einen Wiesengrat, dann etwas links davon den spärlichen Markierungszeichen entlang. Sie führen durch einen breiten Felsdurchschlupf und anschließend etwas unbequem an ihrem oberen Rand durch eine breite, aber steile Hangmulde. Anschließend kommt man in die steilen Weidehänge der Schönalm hinein. Auf dem vom Weidevieh arg niedergetrampelten Weg Richtung Westen zu einem breiten Rücken hinüber. Auf ihm rechts abdrehen und weglos gegen Nordosten zum wenig markanten Gipfel.

Abstieg: Entlang der Aufstiegsroute. Man kann deutlich abkürzen, wenn man vom Gipfel gleich nach Süden über die mäßig steilen Wiesenhänge zur Hangmulde absteigt.

Die Kotzenrunde, 1766 m

26

Auf alten Almwegen

anspruchsvoll

7:45 Std.

1070 Höhenmeter

Schwierigkeit: Die gesamte Anstiegsroute ist unmarkiert und nicht beschildert. Deshalb braucht man eine gute Orientierungsgabe. Für etwa 100 Höhenmeter unter dem Gipfel sind im steilen Grashang Trittsicherheit und Schwindelfreiheit erforderlich.
Beste Jahreszeit: Frühsommer bis später Herbst (nicht bei Schneelage). Besonders schön Mitte Juni, wenn sich die Blütenpracht der Orchideen in den feuchten Wiesen voll entfaltet hat.
Charakter: Einsame, aussichtsreiche und sehr lohnende Wanderung. Auf einem alten Almsteig, der fast immer gut zu finden ist und nie richtig steil wird, kann man fast bis zum Gipfel ansteigen. Der Rückweg ist zwar einfacher, aber enorm weit.
Talort: Fall (773 m).
Ausgangspunkt: Wanderparkplatz am Eingang in das Dürrachtal in Fall (773 m).
Anfahrt: Busverbindung ab Bahnhof Lenggries. Mit dem Auto von Bad Tölz über Lenggries durch den Isarwinkel zum Ausgangspunkt.
Einkehr/Übernachtung: Nur in Fall.
Karten: Topografische Karte des Bayer. Landesvermessungsamtes, 1:50 000, Blatt Karwendelgebirge oder Kompass-Wanderkarte, 1:50 000, Blatt 26 (Karwendelgebirge).

Wer sich an den Heimatfilm »Der Jäger von Fall« erinnert, kann sich vielleicht auch noch eine dramatische Szene ins Gedächtnis rufen, in der ein Wilderer, vom Jäger erwischt, von einer Brücke in eine tiefe Klamm gestürzt ist. Diese Brücke wurde in den Siebzigerjahren eigens für den Film wieder errichtet. Weil sie ein wenig morsch geworden war, wurde sie im Herbst 2003 noch einmal neu gebaut, und heute kann man

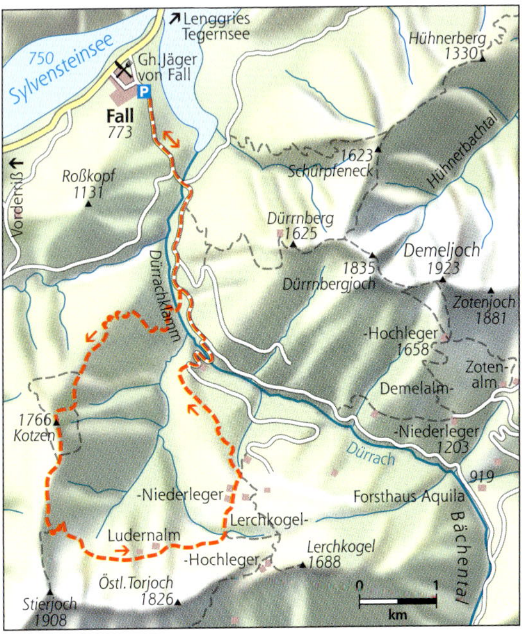

26

beruhigt hinübergehen. Ohne sie wäre diese Rundtour auch nicht möglich.

Aufstieg: Von Fall auf der asphaltierten Forststraße durch das Dürrachtal nach Süden gering ansteigend hinauf. An der Straßenabzweigung nach 2,15 Kilometer geradeaus und erst bei der Abzweigung eines Fahrweges hinter dem Aussichtspunkt in die Dürrachklamm, nach 3 Kilometer rechts abbiegen (dorthin leichte Auffahrt mit Fahrrad sinnvoll). Nach etwa 200 Meter Entfernung den Fahrweg auf einen deutlichen Steig nach rechts verlassen und in moderatem Gefälle zur Brücke über die Dürrachklamm. Am jenseitigen Ufer durch lichten Hochwald in Kehren am alten Almweg gering ansteigend hinauf. Nach einem kurzen Abschnitt durch dichten Jungwald verzweigt sich an dessen oberem Rand die Route (ca. 920 m). Dort geradeaus weiter und nach Westen hinauf. Der Bergpfad dreht bald links ab und beschreibt einen sehr weiten Rechtsbogen, um einem Steilaufschwung auszuweichen. Nach zwei Bachgräben geht es in Kehren wieder gegen Westen weiter, und der alte Pfad dreht – das Gelände geschickt ausnützend – immer mehr nach Süden ab. Er tritt in freie Wiesenhänge ein, bis er schließlich an der verfallenen Kotzen-Niederalm (1400 m) ankommt.

Tipp

Sollte jemand mit dieser langen Tour noch immer nicht ausgelastet sein, kann er vom Kotzenberg (Kotierungspunkt, 1691 m) noch gut 300 Höhenmeter gegen Süden zum Stierjoch aufsteigen und von dort über das Östliche Torjoch und den Lerchkogelalm-Hochleger zum Niederleger absteigen, wo die geschilderte Abstiegsroute erreicht wird.

Nun im Wesentlichen über den freien Rücken, Steinmännern folgend nach Süden weiter, auf den Kotzen-Gipfelaufschwung zuhaltend. Allmählich geht es in Latschenbuschwerk hinein, und der Bergweg quert den langen Hang im Krummholz gegen Süden. Schließlich kommt man aus dem Latschengebüsch heraus und in freie Hänge, die von einer steilen Hangmulde durchzogen sind. In der Mitte dieser Mulde ist der alte Almweg in einer Reiße verfallen.

Um den Risiken einer Querung dieser Reiße zu entgehen, zweigt man rechts ab und steigt über den steilen Grashang zu einem Latschenwäldchen auf. An seinem unteren Rand links abdrehen und auf einem Gamswechsel durch eine Latschengasse zum Gipfelgrat hinauf. Unmittelbar unter dem Grat in geringem Auf und Ab zum Gipfel.

Auf dem Kotzen

Abstieg: Über die weite Gipfelfläche weglos nach Süden zum verfallenen Kotzenalm-Hochleger und hinter einer Senke auf der rechten Seite eines grünen Buckels zu einem deutlichen Viehsteig. Auf ihm um den Buckel rechts herum, ein wenig auf und ab und dann zum Kotierungspunkt (Geländepunkt mit Höhenangabe, 1691 m). Dort auf dem gering abfallenden Viehweg anfangs lang gegen Süden, dann in vielen Kehren nach Osten hinab und in die Hänge unter den Luderwänden. Auf Wegspuren zur malerisch gelegenen Ludernalm und zum Lerchkogelalm-Niederleger (1337 m). Nun nach links dem Sträßchen folgen, an den Almgebäuden vorbei und in einer Rechtskehre den Fahrweg verlassen, um dem beschilderten Wanderweg zu folgen, der gegen Nordwesten im Wald und über freie Lichtungen wieder zur Straße abfällt. Auf ihr in ein paar Kehren an der Stierschlaghütte vorbei, zur Geschiebesperre an der Dürrach hinab und in 40 Höhenmetern Gegenanstieg zur Dürrachtalstraße. Auf ihr nach Fall hinaus.

27 Bike & Hike zur Eiskönigspitze, 1871 m

Mit dem Rad zum Heimjoch

anspruchsvoll

6:15 Std.

1100 Höhenmeter

Schwierigkeit: Ohne Rad ist diese Tour eindeutig zu lang, doch die Radauffahrt gestaltet sich sehr einfach, weil es kaum bergauf geht. Nur ein paar sehr kurze Anstiege zwingen zum Zurückschalten. Das letzte Stück der Route am Eiskönigbach ist allerdings mitunter recht grob (je nach den Verhältnissen). Dort ist übrigens das Radfahren verboten. Also sollte man auf dieser Etappe das Rad schieben. In der Nähe der Eiskönigalm sind die Pfade durch Weidevieh zertrampelt, unbequem und nass. Ab der Kuppelalm weitgehend weglos. Trittsicherheit und etwas Schwindelfreiheit sind notwendig.

Beste Jahreszeit: Sommer und Herbst (nicht bei Schneelage).
Charakter: Sehr einsame Tour mit erstaunlicher Gipfelrundschau.
Talort: Fall (773 m).
Ausgangspunkt: Wanderparkplatz in Fall am Eingang in das Dürrachtal (773 m).
Anfahrt: Busverbindung ab Bahnhof Lenggries. Mit dem Auto von Bad Tölz über Lenggries durch den Isarwinkel zum Ausgangspunkt.
Einkehr: Forsthaus Aquila (919 m).
Karten: Topografische Karte des Bayer. Landesvermessungsamtes, 1:50 000, Blatt Karwendelgebirge oder Kompass-Wanderkarte, 1:50 000, Blatt 26 (Karwendelgebirge).

Anstieg von der Kuppelalm zur Eiskönigspitze (Heimjoch)

Mit seinem schönen Namen hat mich die Eiskönigspitze gereizt. Sonst wäre ich nie auf die Idee gekommen, überhaupt eine Bergtour dorthin zu unternehmen. Führerliteratur gab's nicht, aber gute Karten. Um es vorweg zu nehmen: Der Versuch hat sich gelohnt. Die Tour ist oberhalb der einfach zu bewältigenden Fahrstraßen prächtig. Nur einen Schönheitsfehler hat sie: Der auf manchen Karten noch eingetragene Übergang zur Gratverbindung zwischen Kompar und Grasbergjoch ist durch einen monströsen Bergsturz zerstört, und es gibt wirklich kein Durchkommen.

Aufstieg: Vom Wanderparkplatz mit dem Rad auf der asphaltierten Dürrachtalstraße nach Süden hinauf, am Forsthaus Aquila vorbei und zum Dürrachstausee. Bei der Brücke (11,15 km) rechts abbiegen, ins Baumgartental hinein, am Jagdhaus Pletzboden (12,6 km) vorbei und nach 12,75 Kilometer links abbiegend das Baumgar-

27

tental verlassen. Neben dem Eiskönigbach nach Süden weiter und an der Wildfütterung vorbei. Die Abzweigung zur Flachalm (14,85 km) lässt man rechts und gleich darauf die Abzweigung zur Brücke über den Eiskönigbach (15,15 km) links liegen. Nach 15,85 Kilometern endet der Fahrweg am Bach (1110 m). Dort Raddepot.

Tipp

Wer sich den weitgehend weglosen Aufstieg zur Eiskönigspitze nicht mehr zutraut oder einfach müde ist, kann von der Kuppelalm recht gemütlich über südseitige Wiesenhänge in rund 20 Minuten zur Kuppe (1770 m) hinaufspazieren.

Nun den Eiskönigbach queren. Links vom Bach zu einem Almsteig und auf ihm kurz im Wald hinauf. Dann über steile Wiesenhänge zur malerisch gelegenen Eiskönigalm (1248 m). Auf dem Viehweg gegen Süden weiter, durch einen kurzen Waldgürtel und an dessen Ende durch eine Bachreiße. Gleich dahinter links abbiegen und über einen Wiesenhang flach bis kurz vor einen Hangrutsch (1300 m). Dort links und einem schmalen Steig nach Nordosten folgen. Hinter einer Hangreiße lange einen steilen Waldhang queren, dabei durch mehrere wilde Gräben, bis die bisweilen schwer zu findende Spur im Hochwald rechts abdreht. Gegen Osten an den unteren Rand einer steilen Lichtung (1480 m; Hochsitz) und an ihrem Rand auf gelegentlichen Steigspuren zur Kuppelalm (1610 m) hinauf. Bei der Alm rechts abdrehen, über einen Wiesenhang nach Süden hinauf und auf Pfadspuren auf die Eiskönigspitze zu. Auf der linken Seite des Gipfelrückens in einen Schrofenbereich und dort rechts haltend durch eine Latschengasse zum Gratrücken. Auf ihm wieder zu einem Bergpfad und zum höchsten Punkt.

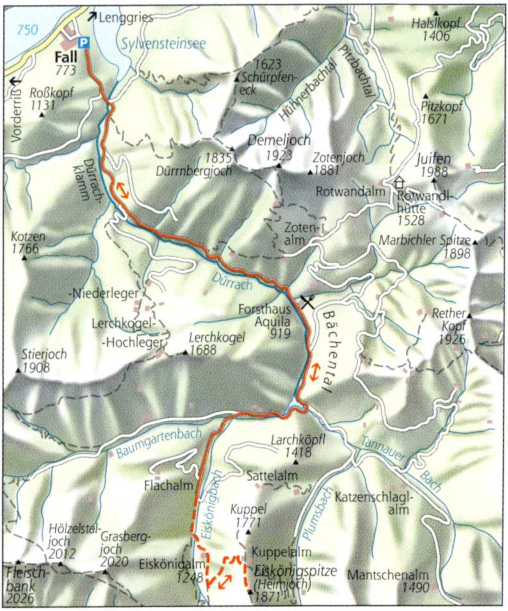

Abstieg: Nur auf der Anstiegsroute möglich.

28 Auf Almsteigen zum Demeljoch, 1923 m

Von Fall zum Schürpfeneck

leicht

7 Std.

1220 Höhenmeter

Schwierigkeit: Bis auf ein kurzes Stück am Dürrnbergjoch, das sich aber umgehen lässt, ist die Wanderung einfach. Die Entfernungen und der Höhenunterschied sind allerdings beachtlich, weshalb man gute Kondition braucht.
Beste Jahreszeit: Sommer und Herbst.
Charakter: Lange Bergtour mit einem Waldanstieg auf traumhaft schönem, alten Almsteig, der nicht markiert ist. Ab dem Schürpfeneck freie Ausblicke, die bis zum Gipfel hinauf immer interessanter werden.
Talort: Fall (773 m).
Ausgangspunkt: Wanderparkplatz in Fall am Eingang in das Dürrachtal (773 m).
Anfahrt: Busverbindung ab Bahnhof Lenggries. Mit dem Auto von Bad Tölz über Lenggries durch den Isarwinkel zum Ausgangspunkt.
Einkehr/Übernachtung: Nur in Fall.
Karten: Topografische Karte des Bayer. Landesvermessungsamtes, 1:50 000, Blatt Karwendel,oder Kompass-Wanderkarte, 1:50 000, Blatt 26 (Karwendelgebirge).

Ein recht überlaufener Berg ist das Demeljoch schon. Im Herbst, wenn viele Bergfreunde lieber ins Gebirge als aufs Oktoberfest gehen, weil auf den Höhen die Sicht zu dieser Zeit besonders rein

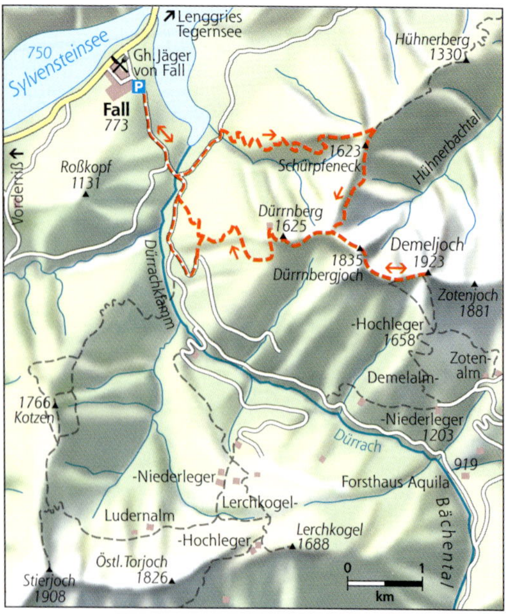

ist, wird man auf diesem netten Vorkarwendel-Gipfel kaum alleine sein. Trotzdem lohnt sich der Anstieg auch für Individualisten. Denn der hier vorgestellte Almweg ist wahrlich einsam. Und weil der Einstieg nicht markiert und nicht einfach zu finden ist, wird er auch ein Geheimtipp bleiben.

Aufstieg: Vom Parkplatz am Eingang in das Dürrachtal der Asphaltstraße fast eben gegen Süden folgen. Hinter der Dürrachbrücke verzweigt sich die Straße.

28

Wer mag, kann bis dorthin mit dem Rad fahren (1,65 km). An der Straßenverzweigung links abbiegen und gegen Nordosten hinauf, ab dem Wegkreuz abwärts und hinter der Brücke über den Schürpfengraben noch etwa 200 Meter auf der Straße weiter, beim Holzplatz aber nach rechts auf einen Weg abzweigen. Anfangs am Waldrand, ab der Rechtskehre im Wald nördlich des Schürpfengrabens in ungezählten Kehren nicht allzu steil durch den Wald gegen Osten hinauf. Bei der Verzweigung auf etwa 900 m Höhe links abdrehen und weiter durch den Wald hinauf. Der unmarkierte Bergpfad dreht bei gut 1200 Meter Höhe ein wenig links ab, beschreibt viele enge Kehren, wird aber insgesamt flacher, bis er in der Nähe eines steilen Rückens wieder rechts schwenkt und schließlich den Rücken überwindet.

Ab rund 1500 Meter Höhe steil abfallende Hängen entlang und in eine Wiese hinein. Dort rechts halten und zum Schürpfeneck hinauf. Am Schürpfeneck wird der viel begangene Weg erreicht, der von der Walchenklamm heraufkommt. Nun gegen Süden links neben dem Bergrücken in mehrmaligem Auf und Ab dahin und im Latschengebüsch zur Gratschulter zwischen Dürrnberg und Dürrnbergjoch hinauf. Auf der Schulter links schwenken und zum Joch (1835 m). Wer es nicht so luftig mag, hält sich etwas rechts und steigt auf Steigspuren durchs Latschengebüsch, dann kann er die kurze, aber etwas ausgesetzte Etappe am Dürrnbergjoch meiden. Nun wieder mehrmals auf und ab und gegen Südosten zum Gipfelaufschwung heran. Zuletzt relativ steil zum Gipfelkreuz.

Tipp

Der Schönheitsfehler dieser hübschen Tour liegt daran, dass es an der Route kein Wirtshaus gibt. Manche mögen sich daran stören. Doch diesen Leuten kann geholfen werden: Zwischen Demeljoch und Dürrnberg brauchen sie nur nach Süden abzusteigen und kommen erst am Demelalm-Hochleger vorbei; nach einem weiten, sonnigen Weg geht es direkt zum Forsthaus Aquila mit der Jausenstation hinaus. Von dort sind es allerdings stramme 8,9 km auf der Straße nach Fall zurück.

Unterwegs zum Demeljoch

Gipfelblick vom Demeljoch zum Dürrnbergjoch

Abstieg: Bis zur Gratschulter westlich des Dürrnbergjochs entlang der Aufstiegsroute. Dann auf der etwas schlecht zu findenden, aber markierten Trittspur und zum Dürrnberg (1625 m) hinüber. Auf der linken Hangseite im Wald an einer gefassten Quelle vorbei und zum kleinen Jagdhaus. Bei ihm links abdrehen und im dichten Wald in vielen Kehren lange hinab, bis eine Fahrspur erreicht wird. Dort rechts abdrehen, an der Verzweigung links halten und ins Dürrachtal zurück. Wer es bequem, aber weiter mag, geht auf der Fahrspur zu einem Sträßchen hinaus und auf ihm in Kehren zum Fahrweg im Dürrachtal. Auf der Straße zum Ausgangspunkt zurück.

Unscheinbarer Schulterberg, 1686 m

29

Von Achenwald über die Schulterbergalm

leicht

4:15 Std.

860 Höhenmeter

Schwierigkeit: Eigentlich ist diese Wanderung recht leicht. Aber es gibt keine Markierungen und streckenweise auch keine Pfade. Deshalb muss man gut mit der Karte umgehen können und braucht ein sicheres Gespür für die beste Routenführung.
Beste Jahreszeit: Frühsommer bis später Herbst.
Charakter: Einsame, nicht zu kurze Bergwanderung auf einen unbedeutenden Gipfel des Karwendel-Vorgebirges.

Talort: Achenwald (843 m).
Ausgangspunkt: Achenwald (843 m).
Anfahrt: Mit dem Bergsteigerbus ab Bahnhof Tegernsee bis Achenwald. Mit dem Auto über den Achenpass oder aus dem Isarwinkel dem Sylvensteinsee entlang zum Ausgangspunkt.
Einkehr: Im Gasthaus Marie in Achenwald.
Karten: Kompass-Wanderkarten, 1:50 000, Blatt 8 (Tegernsee – Schliersee) oder Blatt 182 (Isarwinkel).

Irgendwie ist das mit dem Schulterberg so wie mit der Geisterbahn. Aus der Ferne schaut er wirklich recht einladend aus. Nähert man sich allerdings dem kaum bekannten Gipfelziel, wird es immer unscheinbarer. Und wenn man dann am Gipfel oben steht, hat man um sich herum Berge, die fast alle höher sind. Doch hat der Schulterberg natürlich auch seine Reize. Die unmittelbare Umgebung am Gipfel schaut recht schön aus und die Wanderung ist so einsam, dass man mit größter Wahrscheinlichkeit die Gipfelfreuden ganz alleine genießen kann. Und die interessante Rundumschau ebenso.

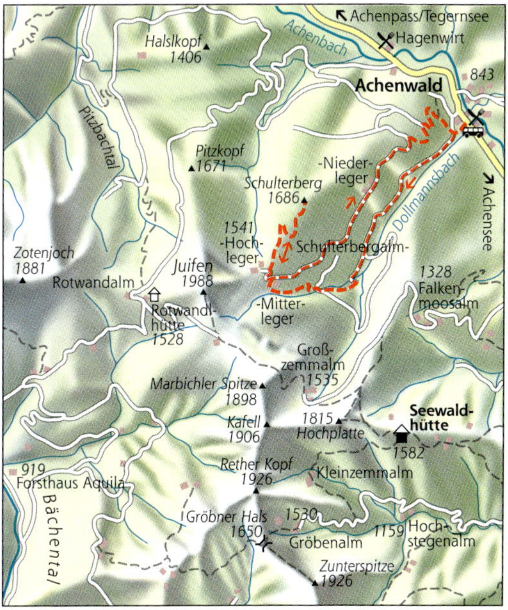

Aufstieg: Vom Wirtshaus Marie kurz neben der Bundesstraße bis zum Kramer in Achenwald gegen Nordwesten

29

dahin. Beim letzten Anwesen geradeaus und am Weidezaun nach Südwesten steil hinauf. Hinter dem Weidegatter kommt man in den Wald hinein und steigt recht forsch zur Dollmannsbach-Forststraße auf.

Dieser Forststraße folgt man nun recht lange Richtung Südwesten. Sie steigt weit über der tief eingeschnittenen Schlucht des Dollmannsbachs moderat an, bis sie bei Lindstein links abdreht und den Bach quert. Der Anstieg zum Schulterberg verläuft dort in der gleichen Richtung, also geradeaus weiter, führt am Jagdhaus vorbei und auf einer Fahrspur über den Bach zum Ende des Fahrwegs. Von dort kann man zunächst noch einem alten Holzziehweg folgen, doch später wird es dann weglos.

Am Ende des Ziehwegs muss man nach rechts in den Hochwald hinein und gegen Westen links (südlich) eines Bachgrabens weiter aufsteigen, bis man wieder zu einer Forststraße kommt. Auf diesem Fahrweg zweigt man rechts ab, steigt kurz zum Bach ab und unmittelbar hinter ihm nach links zu einem alten Almweg. Er verläuft auf der Nordseite des Grabens, schwenkt dann rechts ab und steigt in einem freien Hang zur Schulterbergalm an. Bei der Alm gibt es wieder ein Sträßchen. Auf ihm fast bis zum Schulterbergalm-Hochleger ansteigen und kurz vor dem Hochleger auf einer Fahrspur rechts abbiegen. Nach zwei Kehren endet diese in einem weiten, flachen Hang. Das letzte Stück geht es dann weglos nach Norden zum ausgedehnten Gipfel hinauf.

Gipfelschau vom unscheinbaren Schulterberg, rechts der Guffert

Abstieg: Bis zur Schulterbergalm in jedem Fall entlang der Aufstiegsroute hinab. Wer mag, geht von

Tipp

Wer zur rechten Zeit ins Wirtshaus Marie kommt, wird von ausgesprochen schöner, unverfälschter Volksmusik empfangen, denn dort spielt die Marie virtuos auf der Harfe und ihre Freunde begleiten sie mit ihren Zupfinstrumenten und der Harmonika.

der Alm am Sträßchen zum Niederleger und hinter der Wildfütterung nach rechts zu einem schmalen Steig. Hat man ihn gefunden, biegt man zu ihm rechts ab und folgt ihm durch dichten Wald, bis schon bald breite Ziehwege erreicht werden. Auf ihnen links halten und zur Straße hinab. Immer auf dieser Straße bleiben, bis man nach Achenwald hinunterkommt. Dann rechts halten und zur Aufstiegsroute hinüber, auf der man zum Gasthaus Marie zurückgeht.

So zeigt sich die wilde Nordflanke des Gufferts beim Anstieg zum Schulterberg

30 Markanter Kafell, 1906 m

Gipfelsammlung am Kafellkamm

anspruchsvoll

7:45 Std.

1310 Höhenmeter

Schwierigkeit: Diese ausgedehnte, stramme Bergtour verlangt Ausdauer, Trittsicherheit, Schwindelfreiheit und ein sicheres Gespür für die richtige Routenführung.
Beste Jahreszeit: Sommer und zeitiger Herbst (nicht bei Nässe, Vereisung oder Schnee).
Charakter: Lange und anspruchsvolle Bergtour, die durch unerschlossenes, wegloses Berggelände führt. Großartige Gratüberschreitung mit umfassender Rundumschau.
Talort: Achenkirch (923 m).
Ausgangspunkt: Achental, Parkplatz beim Gasthaus Tirolerland an der B 181 (890 m).
Anfahrt: Mit dem Bergsteigerbus ab Bahnhof Tegernsee bis Achenkirch. Mit dem Auto über den Achenpass oder aus dem Isarwinkel am Sylvensteinsee entlang und bis Achental, wo es an der Abzweigung zum Gasthaus Tirolerland einen großen Parkplatz gibt.
Einkehr/Übernachtung: Falkenmoosalm (1328 m), Seewaldhütte (1582 m).
Karte: Kompass-Wanderkarte, 1:50 000, Blatt 182 (Isarwinkel).

Wer jemals über die Falkenmoosalm zum Juifen oder zur Hochplatte hinaufgegangen ist, wird unweigerlich vom markanten Kafellkamm beeindruckt gewesen sein, wenn er nicht gerade im dichten Nebel unterwegs war. Dieser lange und scharf geschnittene Bergkamm bricht auf beiden Seiten, also im Westen und im Osten, enorm ab. Und doch lässt er sich mit vertretbarem Risiko überqueren, wenn man weiß, wo man zu ihm hinauf und von ihm wieder herunterkommt. Und drei eigenständige Gipfel gibt es als Dreingabe fast geschenkt.

Aufstieg: Vom Parkplatz am Sträßchen zum Wirtshaus Tirolerland, rechts abdrehen und über eine Wiese nach Tiefental hinauf. Von

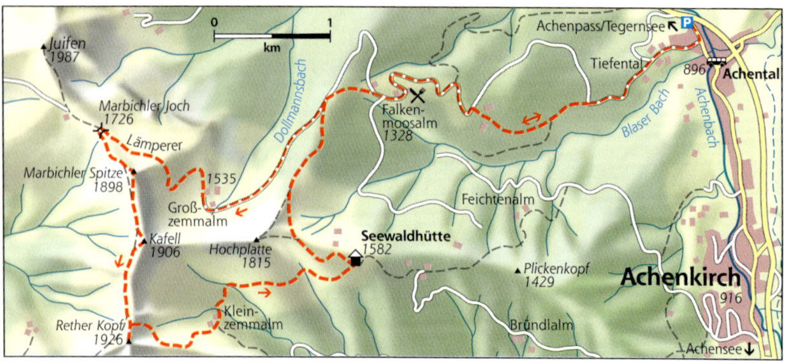

30

dort am Fahrweg nach Südwesten, bei der Straßenverzweigung links und auf der Straße Richtung Falkenmoosalm weiter. Am groben, steilen Waldweg rechts ab und gegen Westen hinauf, bis am Waldrand eine Straße erreicht wird. Sie steigt zur Falkenmoosalm an (im Sommer bewirtschaftet, Übernachtungsmöglichkeit). Hinter den Almgebäuden nur noch kurz auf der Straße weiter, am Weidegatter links abbiegen und auf einer Wegspur den Hang geradewegs hinauf, um eine weite Straßenschlaufe abzuschneiden. Weiter oben wieder zum Fahrweg. Er führt über einen wenig auffallenden Rücken hinüber und fällt unter der Hochplatte zur Großzemmalm etwas ab. Die ausholenden Straßenkehren oberhalb der Alm kann man über die weiten Hänge etwas abkürzen und kommt schließlich zum Lämperer. Von dort den Steilhang unter der Marbichler Spitze auf einer Fahrspur gegen Westen queren und bis fast ins Marbichler Joch weiterwandern.

Luftige Augenblicke am Kafellkamm

Unmittelbar vor dem Joch links abbiegen, über enorm steile Wiesen und Schrofen, streckenweise ausgesetzt und ohne Weg, zur Marbichler Spitze (1898 m) hinauf. Nun am Grat – wieder recht ausgesetzt – ohne Weg nach Süden weiter und im Buschwerk nach rechts in den steilen Westhang hinein. Bei Nässe muss man wegen des rutschigen, langen Grases besonders aufpassen. Man quert den luftigen Hang, geht besonders vorsichtig am oberen Rand einer steilen Rinne vorbei und neben Latschen-Krummholz am Kafell westlich vorbei, bis man an geeigneter Stelle zur Grathöhe ansteigen kann. Auf ihr links halten und die letzten Meter am scharfen Grat zum Kafell.

30

Abstieg: Vom Kafell gegen Süden am Kamm weiter und zum Gratsattel nördlich des Rether Kopfs. Aus dem Sattel in der gleichen Richtung wieder aufwärts und vom Schafweg in wenigen Minuten weglos und steil, aber nicht schwierig zum Rether Kopf (1926 m) hinauf. Vom dritten Gipfel kurz am Anstiegsweg zurück und am Schafsteig in das steile Kar unter dem Rether Kopf hineinqueren. Anfangs unter markanten Felsenwänden, später durch Lawinenrinnen zum Gratrücken östlich des Rether Kopfs hinüber. Auf dessen Scheitelstrecke steil hinab und an passender Stelle nach links in das breite Kar queren. Im Kar zur Kleinzemmalm hinab, wo man wieder einen markierten Wanderweg erreicht. Auf ihm Richtung Osten gering ansteigend zur Seewaldhütte hinauf. Dort links abdrehen und in mühsamem Gegenanstieg fast 100 Höhenmeter zur Routenverzweigung hinauf. Dort rechts halten und nahezu eben nach Norden zum Rücken nordöstlich der Hochplatte hinüber. Über diesen auf markiertem Bergweg zur Aufstiegsroute hinab und auf ihr wieder zum Ausgangspunkt zurück.

Tipp

Wenn jemand überhaupt nicht genug kriegen kann, kann er vom Rether Kopf in 45 Min. über den langen Verbindungsgrat auch noch zum Rether Joch (1926 m) hinüberwechseln. Von dort bietet sich der Abstieg durch den Gröbner Hals und die Gröbner Alm an (siehe auch Tour 31).

Der lange Kafellkamm

Rether Kopf, 1926 und Rether Joch, 1905 m

31

Einsames Gipfelpaar im Vorkarwendel

anspruchsvoll

5:15 Std.

1050 Höhenmeter

Schwierigkeit: Bis in den Gröbner Hals leicht. Gipfelanstieg enorm steil und weglos. Dafür sind Trittsicherheit und Schwindelfreiheit notwendig. Keinesfalls bei schlechter Sicht durchführen!
Beste Jahreszeit: Sommer und Herbst. Gipfelanstieg bei Schnee oder Eis sehr gefährlich. Dann im Gröbner Hals aufhören.
Charakter: Bis in den Gröbner Hals kommen hin und wieder Wanderer herauf. Im Winter sogar viele Skitourengeher. Doch der Anstieg zu den beiden Gipfeln wird höchst selten durchgeführt. Dabei ist die Karwendelschau von dort oben besonders schön.
Talort: Achenkirch (916 m).
Ausgangspunkt: Parkplatz am Eingang in das Unterautal bei der Christlumbahn (945 m).
Anfahrt: Bergsteigerbus ab Bahnhof Tegernsee. Mit dem Auto über den Achenpass oder durch den Isarwinkel bis Achenkirch.
Einkehr/Übernachtung: In Achenkirch.
Karte: Kompass-Wanderkarte, 1:50 000, Blatt 182 (Isarwinkel).

Das erste Mal, als ich am Rether Kopf war, bin ich mit Skiern aufgestiegen. Das war eine verwegene Angelegenheit, obwohl damals die Bedingungen Anfang Januar schon ausgesprochen gut waren. Allerdings ließ mich eine gigantische Wechte im Sattel zwischen den beiden Gipfeln fast verzweifeln, weil ich ständig Angst haben musste, dass sie abbrechen und das ganze Kar durchräumen würde. Geklappt hat es dann doch.
Wie es hier im Frühjahr ausschauen würde, war mir allerdings relativ egal. Als ich dann im selben

Tipp

Will man sich den Aufstieg, vor allem aber den Abstieg erleichtern, fährt man mit dem Mountainbike zur Gröbenalm herauf (530 Höhenmeter, 6,2 km, 1:30 Std.). Das untere Stück durch das Unterautal lässt sich recht gut mit dem Rad bewältigen, darüber wird es allerdings stellenweise grimmig steil. Dafür braucht man für die Abfahrt gerade mal 15 Min.

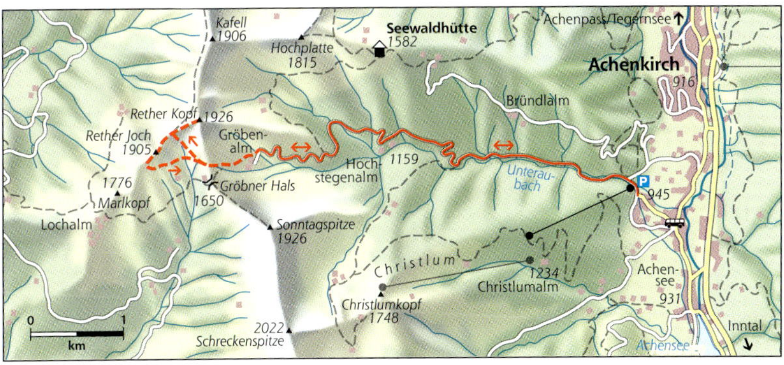

Blick vom Rether Kopf zum Rether Joch und ins Karwendel

31

Jahr Ende Juni ohne Skier dort hinaufgestiegen bin, war die Wechte immer noch da. Nicht ein Stück war abgebrochen. Eine Garantie ist das natürlich nicht. Das kann auch ganz anders (und gefährlich) kommen. Wer also vom Gröbner Hals die alte Schneeverwehung sehen kann, bleibt besser gleich unten und kommt im August wieder. Dann ist sie garantiert abgeschmolzen.

Blick von der Gröbenalm zum Rether Kopf

Aufstieg: Vom Parkplatz 2,1 km weit ziemlich flach am Fahrweg durch das Unterautal zu einem Schuppen in einer weiten Lichtung. Dann deutlich steiler in Kehren zur Straßenverzweigung auf 1130 Meter Höhe. Dort geradeaus weiter und zur nächsten Verzweigung auf 1460 Meter Höhe. Dort links abdrehen und zur Gröbenalm (1475 m). Mountainbiker stellen dort ihr Stahlross ab. Von der Alm gegen Westen Richtung Gröbner Hals weitergehen, unmittelbar vor der Gratsenke rechts abdrehen und ohne Weg an einer unbedeutenden Erhebung rechts vorbei. Dann ist ein sicheres Gespür für die beste Routenfindung gefragt, denn es geht weglos das Kar hinauf. Mühsam und steil plagt man sich zwischen Rinnen und steilen Flanken zum Sattel zwischen Rether Joch und Rether Kopf. Im grünen Sattel rechts halten und auf einer Wegspur recht einfach zum Rether Kopf hinauf.

Abstieg: Bis in den Sattel zwischen Rether Kopf und Rether Joch steigt man entlang der Aufstiegsroute ab, dreht aber im Joch nicht links ab, sondern geht in der gleichen Richtung weiter, um zum Rether Joch anzusteigen. Vom zweiten Gipfel am Grat weglos nach Süden hinab und noch vor dem Marlkopf nach links zu einem Weglein abdrehen. Es fällt gering gegen Osten ab, und man verlässt es noch oberhalb der Hütte, die vom Weg aus gut zu sehen ist. Schließlich kommt man in das breite Kar zurück, quert es und steigt zum Gröbner Hals auf. Von dort folgt man bis ins Unterautal der Aufstiegsroute.

32 Kühn auf den Guffert, 2194 m

Von Norden hinauf und nach Süden hinab

anspruchsvoll

7:45 Std.

1250 Höhenmeter

Schwierigkeit: Ausgesprochen langer Zuweg, der fast um den ganzen Guffertstock herumführt. Sehr steiler und anspruchsvoller Aufstieg (kurzer Klettersteig) und streckenweise kühner Abstieg: steil und ausgesetzt! Beste Kondition, Trittsicherheit und Schwindelfreiheit sind zwingend.
Beste Jahreszeit: Sommer und Herbst (vor dem ersten Schneefall).
Charakter: Einem einsamen und sehr weiten Zuweg, der von der Süd- auf die Nordseite des Gufferts führt und kaum einen Höhengewinn bringt, folgt ein recht zackiger und »luftiger« Anstieg über die triste Nordseite des Gufferts, bis man am Gipfelgrat auf den Normalweg stößt. Damit man bei dieser Rundtour mit möglichst kurzen Entfernungen wieder den Ausgangspunkt erreicht, geht es ein längeres Stück weglos durch lawinengeschädigten Wald hinab.
Talort: Steinberg am Rofan (1000 m).
Ausgangspunkt: Gasthaus Oberbergalm (1029 m).
Anfahrt: Bergsteigerbus vom Bahnhof Tegernsee nach Achenkirch und mit privater Buslinie zum Ausgangspunkt. Mit dem Auto über den Achenpass oder durch den Isarwinkel (Sylvensteinsee) nach Achenkirch und Richtung Steinberg zum Ausgangspunkt.
Einkehr: Oberbergalm (Bergalm; 1029 m).
Karte: Kompass-Wanderkarte, 1:50 000, Blatt 28 (Vorderes Zillertal – Rofan – Wildschönau).

Die Nordwand des Gufferts

Der Guffert ist ein recht beliebtes Gipfelziel. Doch der meiste Bergsteigertrubel findet auf den Südhängen statt, die sich dank kräftiger Sonneneinstrahlung weniger für den Hochsommer, sondern mehr für den späten Herbst eignen. Weitgehend still hingegen sind die ver-

Tipp

Wesentlich einfacher und schneller lässt sich der Guffert von der Wirtschaft Waldhäusl in Steinberg auf einem beliebten Wanderweg erreichen. Bei dieser Route bietet sich der etwas längere Abstieg über den Guffertstein und die verfallene Luxeggalm an.

schwiegenen und verschlungenen Wege geblieben, die sich zur steilen Nordseite des Gufferts und über sie hinaufwinden.

Aufstieg: Neben dem Schwartenbach verläuft von der Oberbergalm gegen Norden ein deutlich markierter Wanderweg. Man folgt ihm und dreht auf eine Fahrspur ab, die sogleich zu einer Forststraße stößt. Gleich darauf muss diese nach rechts verlassen werden, um rund 5 Minuten durch einen Bachgraben aufzusteigen. Die folgende Abzweigung ist zwar markiert, aber trotzdem leicht zu übersehen. Bei ihr dreht man links ab und geht über eine längere Etappe gering ansteigend nach Norden durch den Wald dahin. Dabei eine tief abfallende Schlucht an ihrem oberen Ende queren und anschließend etwas steiler gegen Osten weiter. Hinter der nächsten Hangschlucht wird die Stubaalm (1371 m) erreicht. Der schmale Steig verläuft unter den schroff ansteigenden Nordabstürzen des Gufferts durch zahllose wilde Reißen (Vorsicht, wenn darin noch alter Lawinenschnee liegt!).

Nach einem abfallenden Wegstück – noch vor der Issalm – steigt er zu einer grün bewachsenen, breiten Gratrippe an. Über sie auf markiertem Bergpfad gegen Süden an felsige Steilhänge heran. Neben einer Höhle wird es ernst. Eine zuverlässige Eisenkette und solide Drahtseilsicherungen entschärfen zwar diese kurze Klettersteigstrecke, doch darf man die nötige Vorsicht trotzdem nicht vergessen. Allzu lange dauert dieser forsche Anstieg nicht, denn schon bald verlässt die Route die zackigen Felsen und steigt durch eine atemberaubende Felsengegend zu einem Latschenrücken an. Dort geht es abermals rechts weiter und über steile Schrofenhänge

Die »Normalroute« über den Gipfelkamm zum Guffert

hinauf. Erst auf der Höhe von etwa 1900 Meter flacht der Berg ein wenig ab, und schließlich kommt man am Gipfelgrat und dem viel begangenen Wanderweg an. Dort rechts abdrehen und über den Felsengrat weiter, der weitaus einfacher zu bewältigen ist, als er auf den ersten Blick aussieht. Dort gibt es für ängstliche Naturen ein paar Halteseile.

Abstieg: Am Gipfelgrat zurück und den Markierungszeichen folgend nach Südosten weiter. Auf der Höhe von etwa 1950 Meter zweigt nach rechts ein markierter Bergweg ab und führt allmählich ins Latschenkrummholz hinein, wo er den Haupt-Wanderweg erreicht. Ihm durch viele Kurven hinab folgen, an der so genannten Rückfallschulter vorbei und zur steilen Lawinenrinne, in der sich im Frühsommer Firngleiterfahrer austoben. In der Rinne bleiben und die Wanderwegmarkierung ignorierend unschwierig, doch zwischendurch beachtlich steil durch die Rinne zu einem Forstweg hinab. Den Fahrweg queren und am Rande des von einer gewaltigen Lawine zerstörten Waldes zu einer weiteren Forststraße hinab. Auf ihr nach rechts und nahezu eben gegen Westen zur Autostraße. An ihrem Rand zum Ausgangspunkt zurück.

Auf den Unnutz, 2078 m

33

Von Steinberg über die Köglalm

leicht

6:30 Std.

1030 Höhenmeter

Schwierigkeit: Bis zum Kögljoch sehr leicht. Der lange, südseitige Gipfelanstieg ist auch nicht schwierig, aber steil und im Sommer im Latschengebüsch oft recht heiß.
Beste Jahreszeit: Frühsommer oder Herbst.
Charakter: Ein langer Zuweg von Steinberg (am besten mit dem Fahrrad, spart insgesamt 2 Std.) und ein steiler, südseitiger Anstieg kennzeichnen diese Route auf den Vorderunnutz, den südlichsten und höchsten der drei aussichtsreichen Unnutzgipfel.
Talort: Steinberg am Rofan (1000 m).
Ausgangspunkt: Parkplatz am Gfasskopflift in Obersteinberg (1050 m).
Anfahrt: Bergsteigerbus ab Bahnhof Tegernsee nach Achenkirch und mit privater Buslinie nach Steinberg. Mit dem Auto über den Achenpass oder durch den Isarwinkel (Sylvensteinsee) nach Achenkirch und Richtung Steinberg zum Ausgangspunkt.
Einkehr: Schönjöchlalm (1289 m) und Köglalm (1428 m)
Karten: Kompass-Wanderkarte, 1:50 000, Blatt 28 (Vorderes Zillertal – Rofan – Wildschönau) oder Alpenvereinskarte, 1:25 000, Blatt 6 (Rofan).

Meistens wird der Unnutz (oder heißt er Unnütz?) von der Westseite her über die Zöhrer Alm bestiegen. Dort geht es zwar schnell, doch relativ steil und mühsam hinauf. Auch nicht ohne Anstrengung, aber wesentlich lockerer lässt sich der Marsch zum Unnutz bewältigen, wenn man beim Hotel Cordial in Achensee aufbricht und am Köglweg (zu Fuß oder mit dem Mountainbike) über die malerisch gelegene Köglalm heraufkommt. Wer auch diesen Anstieg noch als zu mühsam empfindet, startet in Steinberg am Rofan. Von dort geht es zwar ziemlich weit zum Unnutz hinüber, aber kaum ansteigend. Deshalb sollte man für diesen Zugang

Bei der Schönjöchlalm

Tipp

Sollte jemand im Kögljoch feststellen, dass ihm angesichts der Schau zum langen Gipfelaufschwung am Unnutz die Lust ein wenig vergangen ist, kann er ohne weiteres umdisponieren und zum Küppal (1601 m) umschwenken. Zu diesem netten und sehr einsamen Gipfel geht es in gut 30 Minuten nach Süden (überwiegend im Wald) auf unmarkierten und stellenweise schlecht zu findenden Waldwegen hinauf.

ein Rad mitnehmen. Die Auffahrt ist so flach, dass man nicht einmal ein Mountainbike braucht. Es reicht ein ganz normales Fahrrad, wenn es über eine Gangschaltung und gute Bremsen verfügt.

Eine schöne, aber auch recht weite Anmarschroute beginnt ebenfalls in Steinberg und führt über die Kotalm und den Schlagkopf herauf. Sie ist identisch mit der üblichen Skiroute.

Aufstieg: Vom Parkplatz neben dem Skilift am Gfasskopf auf dem Fahrweg sehr gering ansteigend nach Südosten in den Wald hinein. In weitem Rechtsbogen nahezu eben durch lichten Wald in das Schönjochtal. Weit über der Gaismoosbachschlucht Richtung Westen zur Straßenverzweigung nach 3,1 Kilometer. Dort rechts schwenken und am Sträßchen nur wenig ansteigend durch den Wald weiter. An der Abzweigung nach 5,1 Kilometer links halten, über den Bach hinüber und ab der Wildfütterung etwas steiler zur Schönjöchlalm (1289 m; 6,1 km). Hinter der Jausenstation wieder eben dahin, an der Straßenabzweigung nach 6,7 Kilometer geradeaus und dann relativ steil bergauf.

Wer nicht mehr radeln mag, stellt das Bike ab. Spätestens jedoch hinter der engen Kehre nach 7,1 Kilometer (1370 m) lässt man den Drahtesel stehen. Es hat keinen Sinn, von dort das Rad noch weiter hinaufzuschleppen, obwohl einem wahrscheinlich ein paar bunt gekleidete »Hard-Core-Biker« entgegenkommen werden. Man geht also zu Fuß auf dem von Radreifen arg in Mitleidenschaft gezogenen Wanderweg nach Westen durch den Wald zum Kögljoch hinauf (1487 m). Im Joch rechts halten und im Wald nach Norden. Ab der Höhe von etwa 1700 Meter kommt man ins

33

Krummholz, hin und wieder auch etwas über die Felsen und steigt immer in der gleichen Richtung auf. Die letzen 200 Höhenmeter des Anstiegs verlaufen über freie Wiesenhänge und schließlich wird (zu Saisonbeginn am Rande gewaltiger Schneewechten) der höchste Punkt erreicht.

Abstieg: Entlang der Aufstiegsroute, dabei den Abstecher vom Kögljoch nach Westen zur Einkehr in der Köglalm nicht vergessen.

Die Köglalm

34 Beherzter Sprung am Klobenjoch, 2041 m

Von Buchau auf das gespaltene Joch

leicht

4:45 Std.

1020 Höhenmeter

Schwierigkeit: Leichte Wanderung. Nur ein einziger Meter der Rundtour verlangt Mut. Man muss nämlich knapp unter dem Gipfel über einen schmalen Felsspalt springen. Wer sich gar nicht traut, kann auch hindurchkraxeln, was weniger riskant ist. Im Gipfelbereich sind weite Strecken weglos, deshalb braucht man ein sicheres Gespür für die beste Routenfindung. Der Abstieg über steile Grashänge verlangt Vorsicht, besonders bei Nässe.
Beste Jahreszeit: Sommer und Herbst.
Charakter: Oberhalb der Dalfazalm ausgesprochen stille und aussichtsreiche Rundwanderung in eindrucksvoller Felsenlandschaft. Die Ruhe am Berg ist für das Rofangebirge eher untypisch.
Talort: Buchau am Achensee (930 m).
Ausgangspunkt: Buchau am Achensee (930 m).
Anfahrt: Achenseebus ab Jenbach oder Bergsteigerbus ab Bahnhof Tegernsee. Mit dem Auto aus dem Inntal über die Kanzelkehre, vom Tegernsee über den Achenpass oder aus dem Isarwinkel am Sylvensteinsee vorbei und durch das Achental zum Ausgangspunkt.
Einkehr: Dalfazalm (1692 m)
Karten: Kompass-Wanderkarte, 1:50 000, Blatt 28 (Vorderes Zillertal – Rofan – Wildschönau) oder Alpenvereinskarte, 1:25 000, Blatt 6 (Rofangebirge).

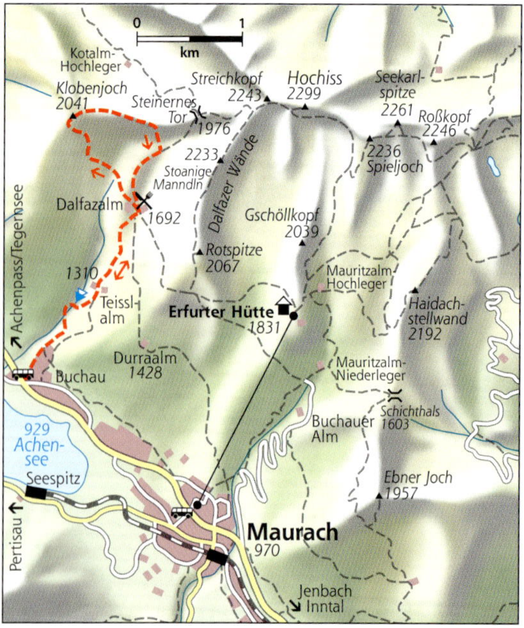

Am Klobenjoch ist vieles anders, als man es vom recht überlaufenen Rofangebirge gewöhnt ist. Es gibt nämlich keine Seilbahn in der Nähe und man wird auch vergebens nach markierten Bergwegen suchen, wenn man oberhalb der Dalfazalm unterwegs ist. Deshalb ist der Berg mit dem eigenartigen Namen ein ruhiges Ziel geblieben. Wer sich im Tiroler Dialekt ein wenig auskennt, kann die Bezeichnung gleich erklären. »Klo-

Tipp

Man kann sich oberhalb der Dalfazalm auch auf das Kotalmtörl (oder Steinernes Törl, 1976 m) beschränken. Durch dieses wilde Felsentor führt ein Weglein, auf dem man über die Kotalm zum Achensee absteigen könnte. Das Tal würde man beim Achenseehof (am Nordrand der alten Lawinengalerie) erreichen.

Das Klobenjoch

ben« heißt spalten (man kennt das vom Holzhacken). Und in der Tat ist das Klobenjoch ein geklobenes, also ein gespaltenes Joch. Tiefe, fast unüberwindliche Felsenspalten durchziehen den wuchtigen Gipfelklotz, und an seinem Rand ragt eine mächtige Felswand empor, in der sich Kletterrouten hoher Schwierigkeitsgrade finden lassen. Trotzdem ist die Wanderung zum Gipfel hinauf nicht schwer. Denn das Klobenjoch hat gleich zwei schwache Seiten: eine im Südwesten und eine andere im Südosten. Und genau dort verlaufen die Auf- und die Abstiegsrouten.

Aufstieg: Von Buchau auf markiertem Bergweg in Richtung Dalfazalm. Er schlängelt sich im Wald nach Nordosten hinauf. Sehr lohnend wäre ein kurzer Abstecher zum Dalfazer Wasserfall. Das Naturschauspiel des über eine glatte Felsenwand herunterstaubenden Wassers ist wirklich sehenswert. Die Route tritt aus dem Wald aus, berührt eine Forststraße und steigt zur Teisslalm (1310 m) an. Sie führt an der kleinen Alm vorbei und steigt in der gleichen Richtung durch eine breite, steile Senke forsch zur Jausenstation Dalfazalm an. Knapp über der malerisch gelegenen Bergwirtschaft dreht man im freien Hang links ab und folgt einem schmalen Steig gegen Nordwesten in lichten Wald und fast bis zur Kaltwasser-Jagdhütte. Noch vor der Jagdhütte links abbiegen und gegen Westen ins schöne Kühtalei hinein.

Die Route führt um markante Felsenklötze herum und durch das Tälchen gegen Norden hinauf, bis man knapp unter der Grathöhe nach rechts zu einer Trittspur hinüberquert. Sie taucht in Latschen-Buschwerk ein, führt über eine Viehsperre und steigt bald darauf nach links in einer engen Latschengasse an. Zwischen dem dich-

34

ten Krummholz nun mäßig steil neben tief eingeschnittenen Rinnen und Schluchten nach Norden hinauf. Bevor man am höchsten Punkt ankommt, wird man beim Schlussspurt von einer wilden Felsrinne gebremst. Freundlicherweise verengt sie sich an einer Stelle zu einem schmalen Spalt, der nur noch gut einen Meter breit ist. Mit Mut springt man über ihn hinüber. Wer sich das nicht traut, kann auch durch die Rinne kraxeln. Gleich darauf steht man am Gipfel.

Abstieg: Entlang der Aufstiegsroute. Schön wäre es, über den ausgedehnten Gipfelrücken nach Osten weiterzugehen. Dazu muss man aber erst einmal zum Querweg absteigen, sonst wird man aus dem Labyrinth aus Latschendickicht und wilden Dolinen kaum herausfinden. Am Querweg dann also gegen Osten über Wiesenhänge und Latschengebüsch, bis nach rechts ein Wiesenhang steil abfällt. Über diese Wiese zwischen felsigen Abbrüchen vorsichtig zum Bergweg absteigen, der vom Streichkopf herunterkommt. Auf ihm zur Dalfazalm hinab und am Aufstiegsweg nach Buchau zurück.

Die zerklüfteten Gipfelhänge am Klobenjoch

Den Dalfazer Wänden aufs Haupt, 2233 m

35

Überschreitung des Dalfazer Kamms

anspruchsvoll

6 Std.

1360 Höhenmeter

Schwierigkeit: Steile Rundwanderung auf unmarkierten Pfaden. Stellenweise ausgesetzt. Kurze Seilsicherung. Trittsicherheit und Schwindelfreiheit sowie einwandfreie Kondition sind unerlässliche Voraussetzung. Nur bei guter Sicht durchführen.
Beste Jahreszeit: Sommer und Herbst; auf keinen Fall, wenn Schnee liegt.
Charakter: Die spannende Überschreitung der Dalfazer Wände bietet Rofanerlebnis pur. Auf der langen, von Nord nach Süd führenden Gratwanderung wird es keinen Augenblick langweilig. Die streckenweise ausgesetzte Routenführung und die grandiose Rundschau verlangen volle Konzentration.
Talort: Buchau am Achensee (930 m).
Ausgangspunkt: Hotel Buchau (940 m).
Anfahrt: Achenseebus ab Jenbach oder Bergsteigerbus ab Bahnhof Tegernsee. Mit dem Auto aus dem Inntal über die Kanzelkehre, vom Tegernsee über den Achenpass oder aus dem Isarwinkel am Sylvensteinsee vorbei und durch das Achental zum Ausgangspunkt.
Einkehr: Dalfazalm (1692 m).
Karten: Kompass-Wanderkarte, 1:50 000, Blatt 28 (Vorderes Zillertal – Rofan – Wildschönau) oder Alpenvereinskarte, 1:25 000, Blatt 6 (Rofangebirge).

Es hat schon seinen guten Grund, warum der Dalfazer Kamm so wenig besucht wird. Der Gratweg ist nämlich nichts für zarte Gemüter, denn manchmal geht es auf ihm recht alpin zur Sache. Da muss man Mut haben und auch mal senkrecht in die Tiefe blicken können, ohne dass einem gleich schwarz vor Augen wird. Klingt doch gut, oder? Schwache Nerven darf man also nicht haben und müde Beine auch nicht, denn

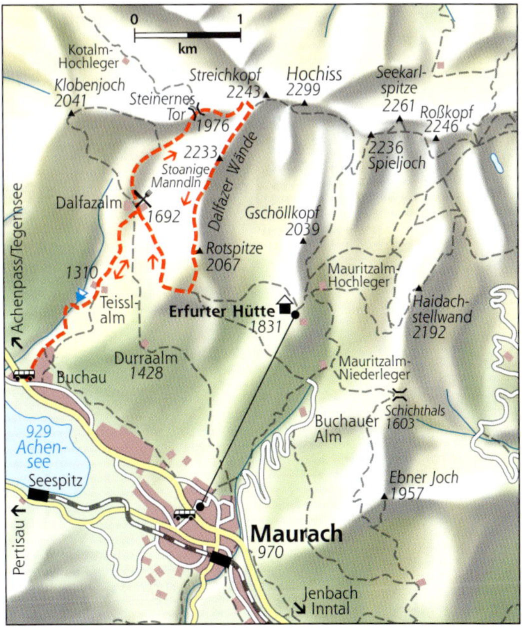

35

die Tour ist lang und führt am scharfen Grat auch mehrmals auf und ab. Das geht an die Kondition. Augenfälliger Glanzpunkt an den Dalfazer Wänden sind die »Stoanigen Manndl«, zwei wild in den Rofanhimmel aufragende Türme, die von Extremkletterern schon bestiegen worden sind.

Aufstieg: Von Buchau auf einem Sträßchen gegen Nordwesten hinauf, an der Talstation der Materialseilbahn vorbei und bei den Wegtafeln nach rechts abbiegen. Im Wald nach Norden weiter, eine Fahrspur und eine Forststraße queren, um anschließend nach links zum eindrucksvollen Dalfazer Wasserfall anzusteigen. Vom Wasserfall in engen Serpentinen gegen Osten hinauf, dann wieder nach Norden und an der Teisslalm (1310 m) vorbei. In Kehren über freie, aber steile Hänge in der gleichen Richtung zur Jausenstation Dalfazalm (1692 m). Anschließend weniger steil nach Nordosten, am markanten Kotalmtörl (Steinernes Törl, 1975 m) vorbei und noch vor dem Felsdurchlass, bei der Wegverzweigung, rechts abbiegen und auf markiertem Bergweg Richtung Streichkopf weiter. Am Bergpfad bis fast zum Streichkopf und auf dem Grat rechts abbiegen. Nun auf deutlicher Wegspur über die Gratschneide gegen Süden dahin und am höchsten Punkt vorbei. Ein kurzer Abstecher verläuft steil, aber einfach zum Steinmann am Gipfel hinauf.

Abstieg: Man kann vom Gipfel direkt nach Süden weitergehen. Doch werden die Anforderungen dann sehr bald recht scharf. Der Grat bricht unvermittelt wild ab, und dort abzuklettern ist fast schon ein »Dreier«. Außerdem ist das Gelände dort stark ausgesetzt und das Gestein nicht sehr vertrauenserweckend. Sinnvoller und viel einfacher wäre es, um die Felsen rechts (westlich) auf Pfadspuren herumzugehen. Bald danach vereinen sich die beiden Routen. Anschließend geht es an den »Stoanigen Manndln« vorbei und gering ansteigend zu einer grünen Graterhebung. Über eine weite Wiese zu einem scharfen Grateinschnitt hinunter und dann arg steil (mit einem Bergseil gesichert und deshalb unschwierig) zum nächsten Wiesenrücken, dem Dalfazer Rosskopf, hinauf. Die Route führt gegen Süden über ihn hinweg.

Tipp

Man kann sich den Aufstieg erleichtern, wenn man mit der Rofanbahn von Maurach zur Erfurter Hütte (1831 m) auffährt und von dort gemütlich auf dem Wanderweg zur Dalfazalm hinüberspaziert. Zurück geht das natürlich auch (wenn man wieder zum Ausgangspunkt in Maurach muss).

Wer Lust auf ein weiteres Gipfelziel hat, kann in einem kurzen, felsigen Abstecher zum Rotspitz (2067 m) hinauf. Von dort geht es zum Weglein zurück und über einen Rücken bergab. Aufpassen: Man darf nicht am Weg nach links den Grat verlassen, sondern muss weiter über den Rücken steil und mühsam zum Gleitschirmflieger-Startplatz absteigen, wo der Querweg erreicht wird, der von der Erfurter Hütte herüberkommt. Dort rechts abdrehen und anfangs eben gegen Westen, dann nach Norden zur Dalfazer Alm hinüber. Den Rest entlang der Aufstiegsroute.

Auf dem Dalfazer Kamm

36 Gemütlich auf den Staffel, 1532 m

Familienwanderung über der Jachenau

leicht

3:15 Std.

740 Höhenmeter

Schwierigkeit: Leicht
Beste Jahreszeit: Günstig ab Mai bis zum ersten ergiebigen Schnee.
Charakter: Nette Rundwanderung mit schönem Gipfelblick. Die Routen selber führen viel durch dichten Wald und sind deshalb weniger aussichtsreich.
Talort: Jachenau im gleichnamigen Tal (790 m).
Ausgangspunkt: Ortsteil Fleck (795 m).
Anfahrt: Buslinie Garmisch-Partenkirchen–Lenggries. Mit dem Auto aus dem Isarwinkel über Wegscheid oder von Wallgau über die Mautstraße in die Jachenau.
Einkehr/Übernachtung: In der Jachenau.
Karten: Topografische Karte des Bayer. Landesvermessungsamtes, 1:50 000, Blatt Bad Tölz – Lenggries und Umgebung oder Kompass-Wanderkarte, 1:50 000, Blatt 182 (Isarwinkel).

Ein gemütliches Bergziel für die Familie, die keine extrem alpinen Herausforderungen braucht, vielleicht eine spannende Gipfelrundschau, aber sonst keine Aufregung – wäre das ein Angebot? Bitte sehr! Die Offerte heißt Staffel. Nach einem moderaten Anstieg durch Schatten spendenden Wald kann man sich recht gemütlich neben dem Kreuz niederlassen und sich lange an der Schau zur Benediktenwand, auf die scharf geschnittenen Berge des Karwendelkamms, und zum Walchensee freuen, wo an hochsommerlichen Tagen vielleicht noch ein kühles Bad nach der Tour wartet.

Gipfelschau vom Staffel in die Jachenau

Tipp

> Eine schöne Rundtour – aber ohne Gipfelerlebnis – führt durch den spannenden Staffelgraben, der sich südlich des Gipfels hinzieht.

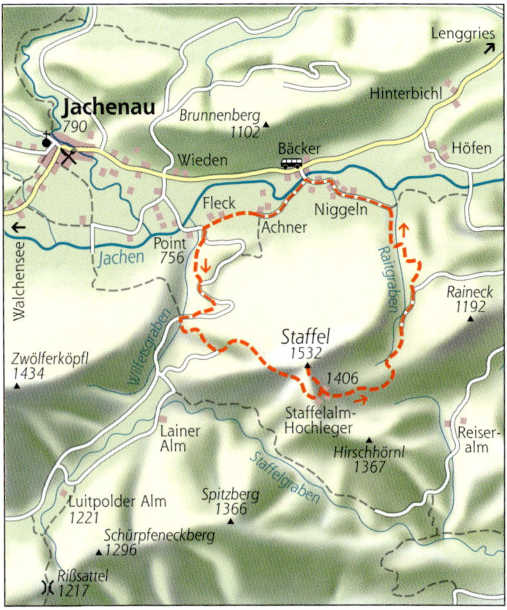

Aufstieg: Vom Parkplatz in Fleck ein paar Meter am Fahrweg in den Wald hinein und diesen gleich nach rechts verlassen, um neben dem Bach durch den Wilfetsgraben nach Süden anzusteigen. In einer Waldlichtung links abdrehen und wieder zum Fahrweg hinüber, dem man aber nur kurz folgt, um gleich darauf wieder nach links zum Wanderweg zu wechseln. So kann man ein paar Ecken der Straße abschneiden, bis man sie endgültig gegen Südosten verlässt. Der markierte Steinplattlweg führt durch dichten Nadelwald dahin und kurz vor der Staffelhütte in freie Hänge. Erstmals öffnen sich dort schöne Blicke zum Karwendelhauptkamm. Der schmale Weg führt über dem Staffelalm-Hochleger nach links und steigt geradewegs zum Gipfelkreuz an.

Abstieg: Weil der Anstieg gar so kurz war, darf man sich beim Abstieg einen etwas ausholenderen Schlenker gönnen. Bis kurz vor die Staffelhütte geht es entlang der Aufstiegsroute hinab. Dann aber links abdrehen, am Hochleger vorbei und auf einem schmalen, steilen Steig anfangs gegen Osten, dann nach Nordosten hinab. Im dichten Wald flacht der Abstiegsweg etwas ab und mündet in einen Forstweg. Dort rechts und ein Stück gegen Nordosten hinunter, bis sich der Weg gabelt. Links halten und gegen Norden in die Jachenau. Den Talboden erreicht man beim Raitgraben, von wo man nach links zum Weiler Niggeln geht. Der Rückweg führt am Achner vorbei und zum Ausgangspunkt zurück.

37 Schöner Weg auf den Fockenstein, 1564 m

Von Lenggries knapp am Geierstein vorbei

mittel

6 Std.

960 Höhenmeter

Schwierigkeit: Insgesamt leicht. Nur knapp unter dem Gipfel wird der Anstieg kurz steil und felsig.
Beste Jahreszeit: Frühsommer bis später Herbst
Charakter: Lange Waldwanderung für Einsamkeitsfanatiker. Freie Ausblicke gibt es erst in Gipfelnähe, dort werden sie aber unerwartet schön.
Talort: Lenggries (679 m).
Ausgangspunkt: Parkplatz beim Bad Isarwelle (710 m).
Anfahrt: Oberlandbahn ab München bis Lenggries. Mit dem Auto von Bad Tölz auf der B 13 bis Lenggries.
Einkehr/Übernachtung: In Lenggries.
Karten: Topografische Karte des Bayer. Landesvermessungsamtes, 1:50 000, Blatt Bad Tölz – Lenggries und Umgebung oder Kompass-Wanderkarte, 1:50 000, Blatt 182 (Isarwinkel).

Zum Fockenstein kommen die Wanderer während des ganzen Jahres herauf. Manche lassen sich nicht einmal von meterhohem Schnee im Hochwinter abschrecken. Fast alle steigen von Bad Wiessee über die Aueralm an, und deshalb ist es auf dieser Route mit der Bergeinsamkeit nicht weit her. Die hier vorgestellte Route aus dem Isarwinkel hingegen ist wesentlich stiller geblieben. Kein Wunder, denn sie ist auch ganz schön lang. Vor allem das Wegstück zwischen Geierstein und Fockenstein ist eine wahre Idylle für Leute, die es ruhig mögen.

Aufstieg: Vom Bad Isarwelle auf dem Fahrweg nach Osten, an einem Bauernhof vorbei, am Waldrand den Reiterbach queren und südlich des Bachs weiter. Bei der Abzweigung des östlichen Höhenwegs rechts halten, durch eine Viehsperre und neben dem

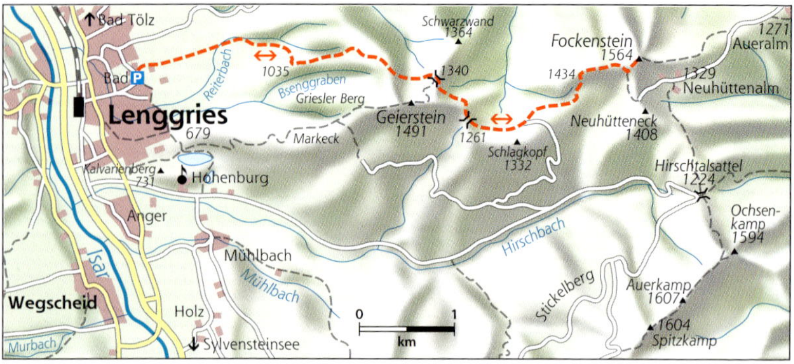

Bachgraben am Wiesenrand steil zum Wald hinauf. Im dichten Gehölz über einen steilen Rücken hinauf, bis dieser auf der Höhe von 1040 Meter links abdreht und weiter forsch ansteigt. In zwei Lichtungen fällt der Bergpfad über feuchtes Wiesengelände ein wenig ab, steigt aber gleich darauf wieder an. Am Eingang in die weite Lichtung südlich der Schwarzwand (1340 m) zweigt nach rechts der Aufstiegsweg zum Geierstein ab. Dort geradeaus weiter, etwas abwärts, in ein paar Kurven durch den Wald dahin, östlich des Geiersteins durch eine breite Geröllreiße und dann rechts abknicken. Anschließend geht es ein paar Mal gering auf und ab und zu einem Sträßchen hinunter. Man folgt ihm nach Osten, muss aber den Fahrweg nach links verlassen und im Wald entlang roten Markierungszeichen nach Nordosten ansteigen, bis in sumpfigen Wiesen der Wald verlassen wird. Dort rechts halten, an beschilderter Wegverzweigung links schwenken und über muldiges und gestuftes Berggelände im lichten Wald an einen Felsenaufschwung heran. Beherzt und steil ein paar Meter kräftig aufwärts und in freien Hängen zum Gipfelkreuz hinauf.

Abstieg: Entlang der Aufstiegsroute.

So zeigt sich der Isarwinkel vom Fockenstein

Tipp

Wer unterwegs umdisponieren möchte, zweigt zwischen Schwarzwand und Geierstein rechts ab und geht von dort in 30 Minuten zum Geierstein (1491 m) hinauf. Steigt man über das Markeck nach Lenggries ab, hat man sogar eine schöne und deutlich kürzere, aber sehr beliebte Rundtour durchgeführt.

38 Einsam auf den Hirschberg, 1670 m

Aus dem Söllbachtal über den Bauern in der Au

leicht

4 Std.

870 Höhenmeter

Schwierigkeit: Leicht. Der Anstieg von der Talstation der Materialseilbahn zum Hirschberghaus ist ein bisserl steil und felsig, aber nicht schwer.
Beste Jahreszeit: Frühsommer bis später Herbst.
Charakter: Ungewöhnliche, aber recht schöne Route auf einen sehr beliebten Wandergipfel. Prächtige Aussicht auf den Tegernsee, die Isarwinkler Berge und bei klarem Wetter auf den ganzen Alpenhauptkamm bis zum Großglockner.
Talort: Bad Wiessee (763 m).
Ausgangspunkt: Bad Wiessee, Abwinkel (800 m).
Anfahrt: Busverbindung ab Bahnhof Tegernsee. Mit dem Auto ab Holzkirchen auf der B 318 bis Bad Wiessee.
Einkehr/Übernachtung: Söllbachklause, Bauer in der Au (904 m), Hirschberghaus (1511 m).
Karten: Topografische Karte des Bayer. Landesvermessungsamtes, 1:50 000, Blatt Mangfallgebirge oder Kompass-Wanderkarte, 1:50 000, Blatt 8 (Tegernsee – Schliersee).

Der Hirschberg hat bei den »stillen Bergtouren« eigentlich nichts zu suchen, könnte man meinen. Aber weit gefehlt! Es gibt auch zu diesem Modeberg, der zu keiner Jahreszeit zur Ruhe kommt, eine stille Route, abseits der Wege von Scharling herauf, wo es gerade so wuselt. Nur in den oberen Regionen, das muss man zugeben, wandert man auf viel begangenen Routen und am Gipfel kommt man dem allgemeinen Trubel nicht aus.

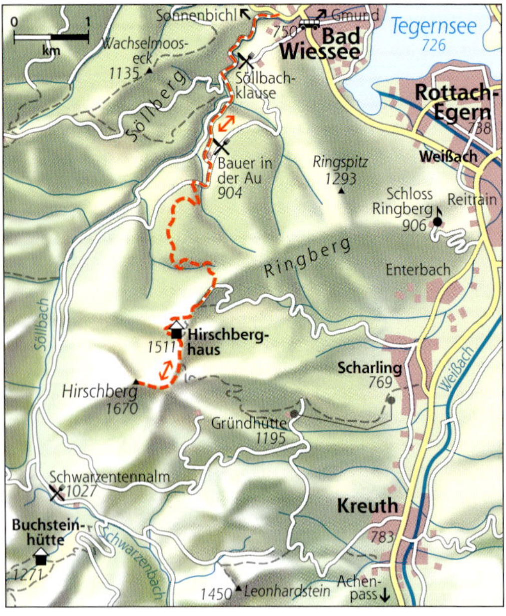

Tipp

Der Hirschberg lässt sich zu einer Rundtour ausbauen, wenn man über das Rauheck und die Skipiste oder am Fahrweg über die Rodelbahn (am Bolzeck vorbei) nach Scharling absteigt. Mit dem Linienbus kann man zum Ausgangspunkt zurückfahren.

38

Aufstieg: Vom großen Wanderparkplatz oberhalb von Abwinkel am Tegernsee auf der Asphaltstraße gegen Süden das Söllbachtal hinauf und an der Wirtschaft Söllbachklause vorbei. Bei der Abzweigung nach Buch geradeaus weiter, nach gut 15 Minuten Gehzeit das Söllbachtal an beschilderter Wegverzweigung links verlassen und am Fahrweg nach Süden zur Wirtschaft Bauer in der Au. Unmittelbar vor dem Wirtshaus nach rechts auf eine Fahrspur und am Waldrand zur breiteren Fahrstraße weiter. Auf ihr im Wald durch einen breiten Bachgraben und rund 150 Meter hinter ihm, beim Forsthaus, nach links abzweigen. Auf schmalem Fahrweg nach Süden durch eine Lichtung relativ steil geradewegs den Hang hinauf und hinter der Wildfütterung rechts abbiegen.

Am Hirschberg, hinten Rottach-Egern und der Tegernsee

Bei einer Hangreiße verjüngt sich der grobe, aber nur mäßig steile Fahrweg schon bald zu einem schmalen Bergpfad. Der schöne, aber bei Nässe recht rutschige Weg wird immer steiniger und steiler und erreicht schließlich den Fahrweg, der von Scharling herauf zur Talstation der Materialseilbahn vom Hirschberghaus stößt. Auf ihm nach rechts zum Straßenende. Dort links abzweigen und auf einem der beiden Bergwege (Sommerweg direkt zum Hirschberghaus; Winterweg steiler und mit Drahtseilgeländer erst auf den Kratzer) weiter. Vom Hirschberghaus auf viel begangenem Weg über freie Wiesen, weiter oben durch Latschenkrummholz, nach Süden zur Hangmulde östlich des Hirschbergs. Durch sie schließlich zum höchsten Punkt.

Abstieg: Entlang der Aufstiegsroute.

39 Aus der Valepp zum Stolzenberg, 1609 m

Von der Ankerstube herauf

leicht

5 Std.

700 Höhenmeter

Schwierigkeit: Leichte, aber im Abstieg etwas weite Rundwanderung.
Beste Jahreszeit: Frühsommer bis später Herbst.
Charakter: Verschwiegene Aufstiegsroute von Osten her und nette Höhenwanderung zum Stümpfling. Ab dem Roßkopf nicht mehr einsam. Der Rückweg zieht sich in die Länge.
Talort: Enterrottach (784 m).
Ausgangspunkt: Ankeralm (1003 m), Bushaltestelle.
Anfahrt: Mit Linienbus ab Bahnhof Tegernsee. Mit dem Auto von Holzkirchen auf B 318 und B 307 bis Rottach-Egern. Von dort auf Mautstraße zum Ausgangspunkt.
Einkehr/Übernachtung: Stümpflingalm (Einkehr), Stümpflinghaus.
Karten: Topografische Karte des Bayer. Landesvermessungsamtes, 1:50 000, Blatt Mangfallgebirge oder Kompass-Wanderkarte, 1:50 000, Blatt 8 (Tegernsee – Schliersee).

Es ist erstaunlich, dass der Stolzenberg am Rande des Wanderdorados vom Spitzingsee nicht besonders überlaufen ist. Ein paar Wanderer kommen natürlich über die Haushamer Alm herauf und bummeln dann über Roßkopf und Stümpfling wieder zum Spitzingsee hinab. Noch stiller ist die schöne Anstiegsroute auf der Westseite des Berges geblieben, die bei der Diensthütte Ankerstube nördlich der Valepp beginnt. Bis zum Stolzenberg hinauf ist sie wirklich einsam, ab dem Stolzenberg nur wenig begangen, aber am Roßkopf kommt man dem starken Ausflugstrubel kaum mehr aus. Das gilt auch für den langen Rückweg, der zum Teil unter den Kabeln der Suttenbahn verläuft.

Aufstieg: Von der Ankerstube auf einem alten Almweg durch dichten Nadelwald gegen Osten hinauf und zwischen mächtigen Sturzblöcken bergwärts, bis sich der Weg unter der Stolzenalm verzweigt. Dort links halten und in die Lichtung der Stolzenalm (1288 m) hinein. Von der Alm kurz nach links (gegen Norden), dann aber wieder rechts und auf einer Trittspur durch eine Hangmulde hinauf, bis es etwas nach rechts wieder in den Wald hineingeht. Die Pfadspur schwenkt wieder nach links und führt über einen Rücken steil durch lichten

Ausblick vom Stolzenberg zum Spitzingsee (hinten Jägerkamp, Benzingspitz und Aiplspitz)

39

Bergwald hinauf. Der Hang schwingt sich immer steiler auf, und mitten im Wald erreicht man die Grathöhe des Stolzenbergs. Dort nach links und zum höchsten Punkt weiter, der am Waldrücken fast ein bisschen schwer auszumachen ist.

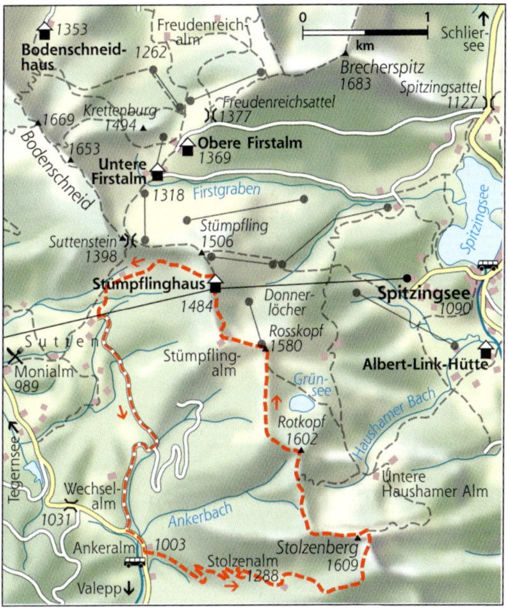

Abstieg: Vom Stolzenberg über den Rücken gegen Westen absteigen. An beschilderter Stelle rechts abdrehen und nach rund 130 Höhenmetern Abstieg in einen Sattel auf der Höhe von 1480 Meter hinein. Aus diesem Gratsattel nach Norden aufsteigen, bei der Wegverzweigung links abdrehen und am Weglein zum Rothkopf (1602 m) hinauf. Vom zweiten Gipfelziel am freien Rücken zum Roßkopf (1580 m) hinüber, der nach weiteren 15 Minuten erreicht wird. Dort beginnt der Ausflügleransturm etwas lebhafter zu werden.

Vom Roßkopf in 10 Minuten nach Westen zur Stümpflingalm hinab und auf lehmigem Pfad zum Stümpflinghaus (1484 m). Von der Bergwirtschaft zunächst in der gleichen Richtung dahin, aber schon bald nach links zur Sutten-Skiabfahrt abzweigen. Auf der Skiabfahrt durch das Sonntagsmoos hinunter und über arg lehmigen Boden zur Unteren Suttenalm absteigen. Von dort auf einem Fahrweg weiter, der gering gegen Süden durch den Wald abfällt und sich dann verzweigt. Dort rechts abbiegen, an der Wechselalm vorbei und zur Asphaltstraße im Tal. Von dort in ein paar Minuten nach links (gegen Südosten) zum Ausgangspunkt zurück.

Tipp

Diese Rundtour eignet sich auch für Kinder (ab ca. 12 Jahren), wenn sie gute Kondition und Ausdauer haben. Und wenn die Jüngsten am Stümpfling nicht mehr weiter mögen, kann man sie in die Seilbahn setzen und mit der Suttenbahn hinunterschweben lassen (wenn sie in Betrieb ist). Zum Ausgangspunkt fährt dann der Omnibus zurück.

40 Zum Aiplspitz, 1759 m

Durch das Aurachtal über den Jägerkamp

anspruchsvoll

5:45 Std.

1070 Höhenmeter

Schwierigkeit: Der Anstieg zum Aiplspitz am Südwestgrat verlangt kurzzeitig Trittsicherheit und etwas Schwindelfreiheit. Deutlich »alpiner« geht es beim Abstieg am Nordgrat zu. Der ist mit I+ wesentlich anspruchsvoller und auch streckenweise ziemlich ausgesetzt.
Beste Jahreszeit: Sommer und Herbst (nicht bei Schneelage).
Charakter: Lange Rundtour in einer für das Mangfallgebirge typischen Berglandschaft: tiefe Wälder in Talnähe, darüber Almweiden und felsige, teilweise recht scharfe Gipfelgrate.
Talort: Bayrischzell (795 m).
Ausgangspunkt: Aurach (775 m).
Anfahrt: Oberlandbahn bis Haltepunkt Aurach. Mit dem Auto von Miesbach durch das Leitzachtal oder über Hausham – Schliersee zum Ausgangspunkt.
Einkehr/Übernachtung: In Aurach.
Karten: Topografische Karte des Bayer. Landesvermessungsamtes, 1:50 000, Blatt Mangfallgebirge oder Kompass-Wanderkarte, 1:50 000, Blatt 8 (Tegernsee – Schliersee).

Auf dem Jägerkamp, hinten der Wendelstein

Ein paar verwegenen Skitouristen ist das Aurachtal ein Begriff, weil sie dort vom Jägerkamp herunterkommen, den sie vorher recht einfach vom Spitzingsee aus bestiegen haben. Im Sommer gibt es dort kaum Wanderer, weil eben die Spitzingseeberge von der Westseite her viel einfacher zu erreichen sind. Dabei bietet sich das lange und stille Tal für eine spannende Rundtour geradezu an.

Aufstieg: Von Aurach auf einem Sträßchen gering ansteigend über weite Wiesen gegen Süden und bei der Kapelle in den Wald hinein. Durch das Aurachtal hinauf, ab der Rastbank auf 975 Meter Höhe auf steilem Holzziehweg weiter und zum Bachgraben. Diesen nach links queren, in ausholenden Kehren am Bergweg gegen Süden hinauf und nochmals einen Bachgraben queren. Einige Felsabbrüche werden geschickt umgangen, der Hang flacht ab, und nach vielen Kehren führt der Weg aus dem Wald und in eine Talmulde hinein. Auf 1300 Meter Höhe verzweigt er sich. Dort rechts abbiegen, die Mulde queren und nach Westen zur Benzingalm (1346 m). Unmittelbar vor der Alm links abdrehen, ein Stück den Hang nach Süden hinauf und dann wieder nach rechts, also gegen Westen weiter.

40

Hinter den Weidehängen geht es relativ steil und bei Nässe rutschig durch Latschengebüsch zum Sattel am Nordgrat des Jägerkamps unmittelbar oberhalb der Jägerbauernalm hinauf. Im Sattel links abdrehen und über den Nordgrat die letzten 80 Höhenmeter zum Jägerkamp hinauf (2:45 Std.). Vom ersten Gipfelziel am Gratweg nach Osten weiter (kurzer Abstecher zum Benzingspitz, 1735 Meter, ist möglich, aber nicht sehr lohnend). Im breiten Bergsattel oberhalb der Schnittlauchmoosalm links schwenken, bis kurz vor das Tanzeck hinauf und auf die linke Seite des Südwestgrats des Aiplspitz. Dort kurz am Seil und dann auf die Grathöhe hinauf. Über sie zum Gipfel.

Abstieg: Vom Aiplspitz am schmalen, streckenweise recht luftigen Steig über den scharfen Nordgrat hinab. Dabei ein paar einfache Kletterstellen (I+) überwinden und vorsichtig über das Geröll in den Sattel, wo sich die Wege trennen. Man kann (rechts abbiegend) über die Geitauer Alm nach Geitau hinausgehen.

Wer nach Aurach zurück will, zweigt links ab und folgt dem schmalen, steilen und zwischendurch recht rutschigen Bergweg in vielen Kehren gegen Nordwesten hinab. Immer auf dem markierten Weg bleiben, bis die Aufstiegsroute erreicht ist. Auf ihr nach Aurach hinab.

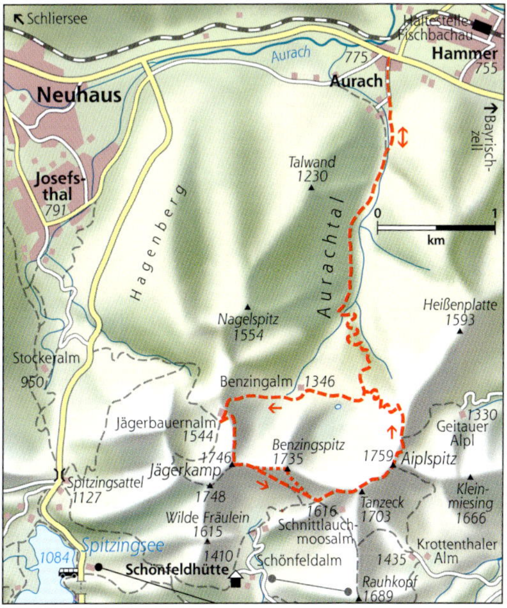

Tipp

Kommt man beim Aufstieg zum Aiplspitz bereits an die Grenzen seiner alpinen Leistungsfähigkeit (sprich: es wird einem schwindlig), darf man nicht über den Nordgrat absteigen. Für solche Leute bietet sich der Rückweg vom Gipfel nach Osten und dann gegen Süden zur Krottenthaler Alm an. Von dort kann man bequem durch das lange Krottenthal nach Geitau hinausgehen.

41 Wanderung zum Schweinsberg, 1514 m

Kleine Rundtour zwischen Wendelstein und Breitenstein

leicht

3:30 Std.

670 Höhenmeter

Schwierigkeit: Leicht.
Beste Jahreszeit: Frühsommer bis später Herbst. Bei geringer Schneelage sogar im Winter möglich. Allerdings darf man bei Schnee nicht auf der beschriebenen Abstiegsroute in den Sattel zwischen Schweinsberg und Breitenstein absteigen (Lawinen und Steinschlag!).
Charakter: Gemütliche Voralpenwanderung mit schönen Gipfelrundblicken. Erstaunlich wenig besuchter Berg, wenn man um den Rummel am benachbarten Breitenstein weiß.
Talort: Fischbachau (771 m).
Ausgangspunkt: Birkenstein (853 m), Parkplatz südlich des Oberwirts am Ortsende.
Anfahrt: Mit Bus ab Bahnhof Miesbach oder Aurach (Oberlandbahn). Mit dem Auto von Miesbach durch das Leitzachtal oder über Hausham – Schliersee – Aurach bis Birkenstein.
Einkehr/Übernachtung: Kesselalm (1275 m; Einkehr), Aiblinger Hütte (1293 m).
Karten: Topografische Karte des Bayer. Landesvermessungsamtes, 1:50 000, Blatt Mangfallgebirge oder Kompass-Wanderkarte, 1:50 000, Blatt 8 (Tegernsee – Schliersee).

Am Breitenstein ist Bergsteigerbetrieb, das ganze Jahr über. Im Winter, wenn gerade mal genug Schnee liegt, gesellen sich zu

den vielen Wanderern, die von Birkenstein heraufkommen, auch noch die Skitourengeher dazu, die ihre Route vom Winklstüberl über die Bucheralm nehmen. Das mag dem einen oder anderen zu viel werden. Sucht man Ruhe, bietet sich als sehr interessantes Ausweichziel der Schweinsberg an. Er ist zwar ein paar Meter niedriger als sein berühmter Nachbar Breitenstein, aber an Schönheit steht er ihm nicht nach. Und wenn nicht viel Schnee liegt, kann

41

man ihm sogar im Winter aufs Haupt steigen, allerdings dann ohne die Option auf eine Rundtour, denn der Übergang von der Aiblinger Hütte zum Anstiegsweg zurück ist bei Schneelage sehr riskant.
Aufstieg: Vom Parkplatz folgt man den Wegweisern in den Wald hinein und steigt auf dem schmalen Fahrweg in weiten Serpentinen zur Bergwirtschaft Kesselalm (1275 m). Beim Gasthaus endet der Wald, und man kann zum ersten Mal auf der Tour schöne, freie Ausblicke genießen. Wer es bequem mag, folgt oberhalb der Alm noch dem Fahrweg und biegt dann nach rechts ab. Sportlicher wäre der Anstieg gleich über der Alm auf schmalen Pfadspuren im steilen Wiesenhang. Auf jeden Fall hält man sich rechts, um gegen Südosten in den Wald zu gehen und auf einem Sträßchen zur Kotalm anzusteigen. Dort ist die Fahrspur zu Ende.
Bei der aussichtsreichen Alm links abdrehen und steil zu einem Rücken hinauf. Auf dem Rücken wieder etwas links halten und auf steinigem (bei Nässe auch recht glitschigem) Waldweg in einen weiten, freien Sattel. Von dort ist der Blick zum wild aufragenden Wendelstein recht schön. Im Sattel links schwenken, am Waldrand etwas steiler und über einen Gratrücken zum Gipfelkreuz am Schweinsberg.

Tipp

Kommt man im Winter herauf, sollte man bis zur Kesselalm auf alle Fälle einen Schlitten hinaufziehen, damit man sich die Gaudi einer zünftigen Rodel-Abfahrt auf dem schmalen Fahrweg nicht entgehen lassen muss.

Abstieg: Bis zum Sattel unter dem Gipfelrücken auf jeden Fall auf der Aufstiegsroute zurück. Nun entweder entlang der Aufstiegsroute oder aus dem Sattel nach links und bis kurz vor die Aiblinger Hütte hinab. Auf eine Fahrspur links abzweigen und unter steilen Schrofenhängen (Vorsicht Steinschlag, bei Schneelage dort beachtliche Lawinengefahr!) kurz etwas aufwärts, dann ziemlich flach in den Sattel zwischen Schweinsberg und Breitenstein (1351 m). Aus dem Sattel nach Westen zur Kesselalm hinunter und entlang der Aufstiegsroute am Fahrweg durch den Wald hinab. Bei der Wegverzweigung kurz vor Birkenstein rechts abbiegen, zur Wallfahrtskapelle hinab und nach dem Kirchenbesuch gegen Süden zum Ausgangspunkt zurück.

Das Wallfahrtskircherl in Birkenstein

42 Über Almen aufs Wildalpjoch, 1720 m

Weite Runde über die Käserwand

mittel

4:30 Std.

760 Höhenmeter

Schwierigkeit: Grundsätzlich einfache Wanderung. Doch wird die Orientierung zum Problem, denn die Routen sind nur schlecht gekennzeichnet. Trittsicherheit kann (besonders an der Käserwand) nicht schaden.
Beste Jahreszeit: Frühsommer bis Spätherbst
Charakter: Lange, recht beschauliche Rundwanderung in schöner Voralpengegend.
Talort: Bayrischzell (800 m).
Ausgangspunkt: Bayrischzell, Sudelfeld, Parkplatz an der Brücke unter der Schweinsteiger Alm (ca. 1000 m).
Anfahrt: Oberlandbahn bis Bayrischzell, private Linienbusverbindung zum Sudelfeld. Mit dem Auto von Miesbach durch das Leitzachtal oder über Hausham – Schliersee – Bayrischzell aufs Sudelfeld. Möglich ist auch die Anfahrt über Brannenburg oder Oberaudorf.
Einkehr/Übernachtung: Am Sudelfeld und in Bayrischzell.
Karten: Topografische Karte des Bayer. Landesvermessungsamtes, 1:50 000, Blatt Mangfallgebirge oder Kompass-Wanderkarte, 1:50 000, Blatt 8 (Tegernsee – Schliersee).

Genau genommen müsste der Berg Wildalmjoch und nicht Wildalpjoch heißen. Denn in Oberbayern heißt eine Alm nicht Alpe. Diese untypische Bezeichnung stammt von den schwäbischen Landvermessern, die vor mehr als 100 Jahren ihre Sprachgewohnheiten in den oberbayerischen Sprachraum gebracht und auf den Karten eingetragen haben, was eigentlich nicht korrekt ist. Ein weiteres Beispiel ist die Reiteralpe bei Berchtesgaden. Dort haben sich die Einheimischen allerdings den Begriff Reiteralm bewahrt. Wie man den Berg nennen will, ist letztlich egal. Die Rundtour über den Gipfel der Käserwand erstaunt den Kenner wegen der großen Ruhe, wo es doch gleich daneben, am Wildalpjoch, ganz schön zugeht ...

Tipp

Hat man noch Lust auf einen weiteren Gipfel, kann man von der Seewand geradeaus gegen Osten weitergehen und im Sattel unter der Kesselwand links abbiegend zum Tagweidkopf (1724 m) hinauf. Auf älteren Karten ist dieser Gipfel noch fälschlicherweise als Lacherspitz bezeichnet. Das wurde aber inzwischen allgemein berichtigt. Der Abstieg führt durch das Lacherkar bis zur Lacheralm und dann auf der oben geschilderten Route.

Aufstieg: Vom kleinen Parkplatz gegen Osten über die Straßenbrücke und auf einer Fahrspur nach links in ein Bachtal hinein. Auf Trittspuren die Fahrspur bald nach rechts verlassen und den steilen Weidehang schräg nach oben queren, bis die Asphaltstraße erreicht ist. Auf ihr zur Schweinsteiger Alm (1167 m) hinauf und dort nach rechts zu einem schmalen Fahrweg abzweigen. Auf ihm zum Bach hinab und in Kehren gering abfallend

Einsamkeit auf der Käserwand und hinten am Wildalpjoch wuselt es ...

zur Kelheimer Hütte. Von dort nach Nordosten und oberhalb zur Jackelberger Alm relativ eben am Hang weiter und nach links über einen Bachgraben. Die weitere Route ist recht schwer zu finden. Wahrscheinlich muss man ohnehin weglos den langen Südhang unter dem Jackelberg nach Nordosten bis zur Unter-Arzmoosalm hinunter queren. Nur wer Glück hat und den alten Weg wirklich findet, folgt ihm um den Jackelberg

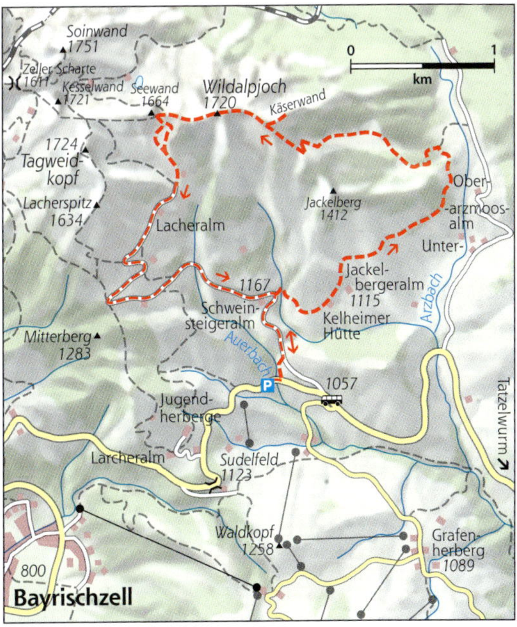

42

herum und unter einem Felsenhindernis etwas unbequem nach Norden in die Hänge oberhalb der Ober-Arzmoosalm. Weniger Glückliche gehen von der Unter-Arzmoosalm auf dem Fahrweg zur Ober-Arzmoosalm hinauf und zweigen unter dem Schortenkopf nach links zum Bergweg ab. Dieser steigt im Wald, dann durch ein freies, steiles, ostseitig geneigtes Tal stramm an. Er wendet sich auf die linke Seite der Talmulde und verlangt in Fels, Lehm und feinem Geröll große Aufmerksamkeit. Dann dreht er ein paar Mal hin und her und steigt zu einem Bergrücken südlich der Käserwand an. Dort über den Weidezaun und rechts abdrehen. Weiterhin steil nach Westen hinauf und an den Felsenwänden der Käserwand entlang, bis westlich des Gipfels eine Scharte erreicht wird. Dort rechts halten und in wenigen Minuten zum Kreuz auf der felsigen Käserwand. Anschließend wieder zur Aufstiegsroute zurück und über Gämswiesen nach Westen zum Wildalpjoch hinauf.

Wildalpjoch und Käserwand

Abstieg: Vom Wildalpjoch auf schmalem Bergweg auf und ab weiter, über ein Latschenköpfel hinweg und an beschilderter Wegverzweigung östlich der Seewand links abbiegen. Auf einer der beiden Wegspuren nach Süden hinab, bis in der Nähe der Lacheralm eine Asphaltstraße erreicht wird. Ihr in Kehren, ab der Talstation der Materialseilbahn ein längeres Stück eben gegen Osten zur Schweinsteiger Alm folgen. Ab dort entlang der Aufstiegsroute.

Rotwand, 1884 m, Hochmiesing, 1883 m

43

Von Geitau über den Soinsee herauf

an-spruchs-voll

7 Std.

1400 Höhen-meter

Schwierigkeit: Nur der Anstieg vom Miesingsattel direkt zum Rotwandgipfel hinauf ist arg steil und erfordert Trittsicherheit und Schwindelfreiheit. Der Rest ist einfach.
Beste Jahreszeit: Sommer und Herbst.
Charakter: Die außergewöhnliche Anstiegsroute zur Rotwand führt nach langem Anstieg auf Forststraßen zum malerischen Soinsee, zur idyllisch gelegenen Großtiefentalalm und in den Miesingsattel. Dort hat man die Wahl, ob man gemütlich zum Hochmiesing oder steil und ein wenig pfiffig zur Rotwand oder hintereinander auf beide Gipfel möchte.
Talort: Bayrischzell (795 m).
Ausgangspunkt: Wanderparkplatz in Geitau (790 m).
Anfahrt: Mit der Oberlandbahn bis Geitau. Mit dem Auto von Miesbach über Hausham – Schliersee oder durch das Leitzachtal nach Geitau.
Einkehr/Übernachtung: Rotwandhaus (liegt nicht unmittelbar an der Strecke) oder in Geitau im Gasthaus Rote Wand.
Karten: Topografische Karte des Bayer. Landesvermessungsamtes, 1:50 000, Blatt Mangfallgebirge oder Kompass-Wanderkarte, 1:50 000, Blatt 8 (Tegernsee – Schliersee).

Der beliebteste Berg rund um den Spitzingsee ist ohne Zweifel die Rotwand. Meist wird sie in einem kurzen Spaziergang von der Bergstation der Taubensteinbahn als gemütliche Wanderung bestiegen. Die hier vorgestellte Route beginnt deutlich weiter unten, nämlich in Geitau und ist wesentlich stiller als die vom Spitzingsee herüberführende. Obendrein kann man auch

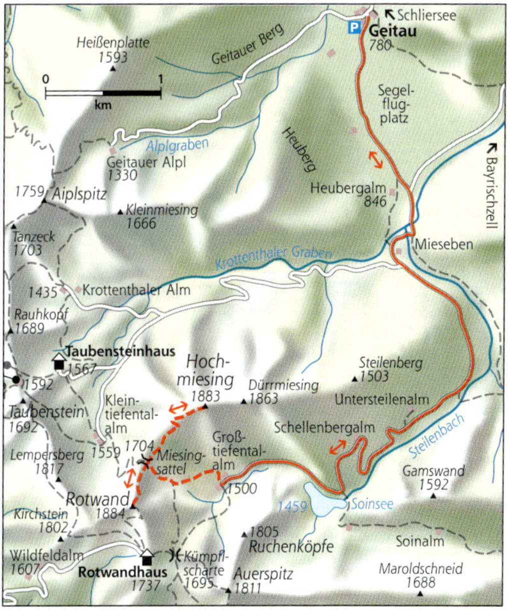

Tipp

Durchtrainierte Mountainbiker kommen von Geitau zur Großtiefenthalalm mit dem Stahlross herauf. Aber Vorsicht, diese 700 Höhenmeter über 7,8 km sind enorm steil und anstrengend (bis zu 32 %). Das ist nur etwas für harte Typen.

43

noch zu dem nahezu gleich hohen Hochmiesing hinauf, wo es relativ still geblieben ist.

Aufstieg: Vom Wanderparkplatz am Asphaltsträßchen in geringer Steigung neben dem Segelflugplatz nach Süden. Am Ende des Segelflugplatzes links halten und am Waldrand beim Straßendreieck rechts abbiegen. Über den Alpbach, gleich darauf am Holzplatz rechts abzweigen und über die Brücke. Etwas steiler zum Forsthaus von Mieseben hinauf und in einem Linksschwenk in dichten Wald hinein. Nun immer schön steil nach Süden hinauf, in einem weiten Rechtsbogen gegen Südwesten und bei der Untersteilenalm in deutlich lichteren Wald. Bei der Verzweigung den linken Straßenarm wählen. Nun in ein paar Kehren durch eine Lichtung. An der Schellenbergalm vorbei, anschließend durch ein paar weitere Steilkurven und nach Süden über einen langen, steilen Anstieg in den Waldsattel unmittelbar vor dem malerischen Soinsee. Rechts abdrehen und eben am See entlang. Nach einem kurzen Gefälle nochmals bergauf und zur Großtiefenthalalm (1500 m). Von der Alm am Wanderweg kurz nach Norden, dann links abdrehen und gegen Westen im freien Hang in Kehren zum Miesingsattel hinauf.

Die Rotwand über der Großtiefenthalalm im Frühling

Wer zum Hochmiesing will, muss im weiten Sattel rechts schwenken und immer auf der Pfadspur durch Latschenbuschwerk in mäßiger Steigung zur weiten Gipfelhochfläche hinauf. Zur Rotwand geht es im Miesingsattel nach links. Auf einer Trittspur anfangs durch Latschengebüsch, dann im freien Hang rechts der Hangkante steil nach Süden hinauf. Der Pfad dreht links ab und steigt über die steile Rippe – zuletzt enorm steil und felsig – zum Rotwandgipfel an.

Abstieg: Entlang der Aufstiegsroute. Von der Rotwand kann man auch weniger steil nach Süden zum Rotwandhaus absteigen und neben den Ruchenköpfen zur Großtiefenthalalm und zur Aufstiegroute absteigen.

Einsamer Auerspitz, 1811 m

44

Aus dem Ursprungtal

leicht

5 Std.

990 Höhenmeter

Schwierigkeit: Leicht. Wegen der südseitigen Sonnenhänge sollte man an heißen Sommertagen sehr früh aufbrechen.
Beste Jahreszeit: Frühsommer bis später Herbst.
Charakter: Schöne Rundtour mit freien Ausblicken; etwas weit.
Talort: Bayrischzell (795 m).
Ausgangspunkt: Ursprungtal, Parkplatz Sillberghaus »Beim schweren Gatter« (825 m).
Anfahrt: Mit der Oberlandbahn bis Bayrischzell, dann mit dem Bus zum Ausgangspunkt. Mit dem Auto von Miesbach entweder durch das Leitzachtal oder über Hausham – Schliersee nach Bayrischzell und zum Ausgangspunkt im Ursprungtal. Man kann auch von Kufstein über Hinterthiersee – Landl herauffahren.
Einkehr/Übernachtung: Einkehr im Sillberghaus (Montag und Dienstag Ruhetag) und bescheidene Einkehr in der Soinalm
Karten: Topografische Karte des Bayer. Landesvermessungsamtes, 1:50 000, Blatt Mangfallgebirge oder Kompass-Wanderkarte, 1:50 000, Blatt 8 (Tegernsee –Schliersee).

Im Schatten der Rotwand findet der Auerspitz nur wenig Beachtung. Er ist zwar kaum 80 Meter niedriger als der berühmte und beliebte Nachbar und steht ihm in der Gipfelrundschau fast nicht nach – zu den Ruchenköpfen ist die Aussicht sogar weitaus beeindruckender –, aber irgendwie hat er es nie zu einem echten Renner gebracht.

Bergsteiger, die wie wir allein ihre Gipfelbrotzeit auspacken und genießen wollen, freut das. Und obendrein lässt sich die Tour zu einer schönen langen Rundwanderung ausbauen mit einem sehr interessanten, alten Almsteig zum Schluss, der leider an ein paar

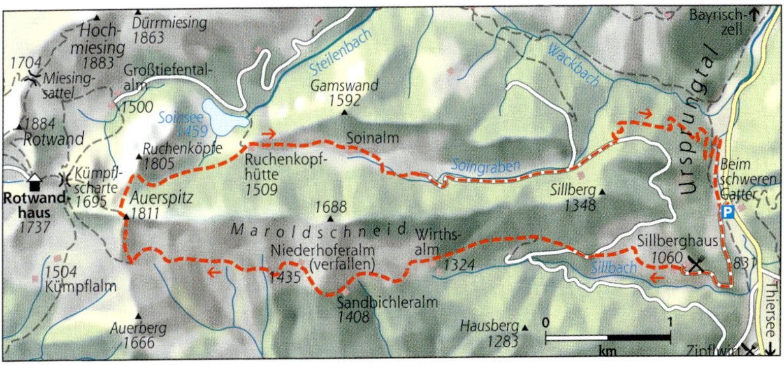

44

Stellen ein wenig verfallen, aber mit vertretbarem Risiko noch immer gut zu begehen ist.

Aufstieg: Gleich hinter dem Parkplatz auf einer Brücke über den Bachgraben und am Fahrweg Richtung Sillberghaus nach Süden. Ziemlich steil durch Mischwald hinauf, einem Felsenriegel entlang und nach 115 Höhenmetern durch eine Rechtskurve. An Sillberghaus und Sillbergalm vorbei und ein längeres Wegstück auf freien Almwiesen deutlich flacher gegen Westen weiter. Dann wieder in den Wald hinein und bald darauf eine breite Forststraße in gleicher Richtung queren. Anschließend ziemlich lange relativ steil im Wald hinauf und kurz vor der Wirthsalm in freie Hänge. Am Sträßchen zur Sandbichler Alm weiter, wo der Fahrweg endet. Durch lichten Baumbestand um eine Hangkante herum, in ausholendem Bogen durch eine breite Hangmulde und an der verfallenen Niederhofer Alm vorbei. Nun in wechselnder Steigung lange den Hang entlang, eine steil abfallende Bachreiße queren und unmittelbar unter dem Auerspitz durch eine Talmulde. Dann steil zum Südrücken des Auerspitz hinauf und über ihn die letzten 140 Höhenmeter gegen Norden durch Latschenkrummholz zum Gipfel hinauf.

Schmiedeeisernes Kreuz am Auerspitz

Abstieg: Vom Gipfel nach Norden auf Wegspuren zum schwach ausgeprägten Rücken zwischen Auerspitz und Ruchenköpfen. Von dort auf die schroffen Felsenwände der Ruchenköpfe zuhalten und bei einem vorgelagerten Felsen rechts abdrehen. In den Talgrund hinab und durch ihn gegen Osten weiter. An der Bergwachthütte und oberhalb des Soinsees an der kleinen Ruchenkopfhütte vorbei und zum Fahrweg, der bei der Soinalm beginnt. Auf ihm gemütlich durch den Soingraben hinaus.

Hinter einer nassen Wiese verjüngt sich das Tal auf knapp 100 Meter Breite. Dort zweigt nach links eine Forststraße ab und man geht gerade-

Tipp

Über den langen Ostgrat könnte man vom Auerspitz auf Trittspuren zur Maroldschneid (1688 m) und wieder zurückgehen. Doch lohnt sich das kaum. Wer die Abstiegsroute auf dem alten Almweg ins Ursprungtal nicht findet, kann auch auf der Straße in weitem Rechtsbogen zum Sillberghaus und von dort entlang der Aufstiegsroute absteigen.

aus weiter. Bevor die Straße ganz schwach ansteigt, zweigt in einer leichten Rechtskurve nach links eine Wegspur ab. Auf ihr in den Wald hinein und auf der breiten Trasse eines alten Almwegs hinab. An der Stelle, wo über der Wegtrasse der Gipfel des Traithen markant herausragt, links auf einen Steig abzweigen. Auf ihm hinab, später wieder auf breitem, altem, aber stellenweise wegen umgestürzter Bäume und herabgestürzter Felsen mühsam zu begehendem Almweg ins Ursprungtal hinaus. Dort wird ein breiter Wanderweg erreicht, dem man neben der Autostraße nach rechts zum Ausgangspunkt folgt.

Der Gipfelanstieg zum Auerspitz

45 Schönfeldjoch, 1776 m, Wildenkarjoch, 1747 m

Höhenwanderung über dem Ursprungtal

leicht

6 Std.

1050 Höhenmeter

Schwierigkeit: Schöne Wanderung auf wenig besuchten Voralpengipfel. Streckenweise steil, aber nicht schwierig.
Beste Jahreszeit: Frühling (ab Mitte Mai) bis zum ersten ergiebigen Schneefall.
Charakter: Einsame, streckenweise weglose und unmarkierte Wanderung, die anfangs durch dichten Wald führt. Ab der Schönfeldalm schöne, freie und aussichtsreiche Hänge und Grate.
Talort: Bayrischzell (795 m).
Ausgangspunkt: Parkplatz am Eingang in das Trockenbachtal auf der Tiroler Seite des Ursprungtals (830 m).
Anfahrt: Linienbus ab Bahnhof Bayrischzell bzw. Kufstein. Mit dem Auto von Kufstein über Hinterthiersee – Landl oder von Miesbach über Hausham – Schliersee – Bayrischzell bzw. durch das Leitzachtal.
Einkehr/Übernachtung: Im Ursprungtal in der Bäckeralm, beim Zipfelwirt oder im Ursprunghaus.
Karten: Topografische Karte des Bayer. Landesvermessungsamtes, 1:50 000, Blatt Mangfallgebirge oder Kompass-Wanderkarte, 1:50 000, Blatt 8 (Tegernsee – Schliersee).

Tipp
Will man eine etwas längere Runde durchmarschieren, steigt man vom Wildenkarjoch nach Nordwesten ab und geht durch eine wilde Berglandschaft zur Hintertoralm (1217 m). Anschließend kann man einem Fahrweg ins Klooaschautal hinunterfolgen, durch das man beim Zipfelwirt wieder im Ursprungtal herauskommt.

Das Schönfeldjoch und das Wildenkarjoch sind dem Hinteren Sonnwendjoch östlich vorgelagert. Deshalb stehen sie ein wenig im Schatten dieses schnell und einfach zu erreichenden, überlaufenen Gipfelziels. Zu den Gipfeln von Schönfeld- und Wildenkarjoch gibt es nicht einmal einen Weg, und in den unteren Gefilden verläuft der Anstieg durch dichten Wald und das auch noch recht steil. Aber auf den freien Gipfelhängen brilliert der Berg mit schönen Ausblicken und Anfang Juni mit einer Blumenpracht, die ihresgleichen sucht. Und deshalb

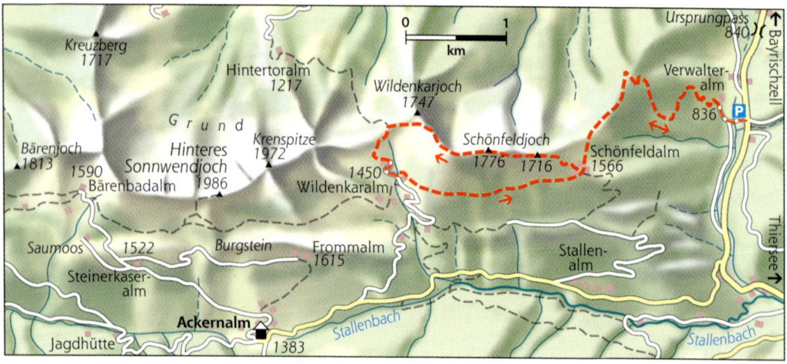

lohnt sich diese einsame Tour für den Naturfreund, der abseits viel begangener Wege sein Bergglück finden will.

Aufstieg: Vom Parkplatz am Sträßchen ein wenig nach Westen hinab und den Ursprungbach queren. Auf breitem Weg zum Waldrand und nach rechts zu einem einzeln stehenden Hof. Der Wegtafel folgend nach links in steile Wiesenhänge hinein und über sie auf Trittspuren mühsam der Wegmarkierung folgend in den Wald. Unmittelbar vor einem Graben links abdrehen und steil gegen Südwesten hinauf. Dann in weitem Schlenker nach Nordwesten und zur Jagdhütte auf etwa 1300 Meter Höhe. Neben dem Jagdhaus knickt der Pfad nach links (Süden) ab und führt durch Mischwald steil zu einem Rücken hinauf. Auf ihm weiter, dann auf seine linke Seite wechseln und am oberen Rand einer stark abfallenden Wiesenmulde zur Schönfeldalm (1566 m) weiter. Bei der Alm ist der Weg zu Ende. Im freien Hang ist bei guter Sicht aber der weitere Anstieg gut zu finden. Man geht über den breiten, freien Wiesenrücken nach Nordwesten hinauf und folgt dabei einigen undeutlichen Trittspuren zum Kreuz und durch Latschenkrummholz zum wenig auffälligen Punkt (1716 m). Damit ist aber die Tour noch nicht zu Ende. Man geht nämlich nun am Grat gegen Westen weiter, ein wenig auf und ab und kommt zum höchsten Punkt des Schönfeldjochs (1776 m), der höchsten Stelle auf der Rundwanderung.

Am Wildenkarjoch

Abstieg: Wandert man in der gleichen Richtung weiter, geht es in einen Sattel kurz vor dem Wildenkarjoch. Von dort ist es ein kurzer, aber wegloser Sprint zum 1747 Meter hohen Gipfel. Ansonsten hält man sich im Sattel links und geht in einer weit ausholenden Kehre über steile Wiesen zur Wildenkaralm hinunter. Bei der Alm biegt nach links (gegen Osten) ein schmaler Weg ab, der die sonnige Südseite des Schönfeldjochs in ständigem leichtem Auf und Ab quert. Schließlich stößt er wieder zur Schönfeldalm und damit zum Aufstiegsweg. Auf ihm steigt man dann ins Ursprungtal ab.

46 Überschreitung des Trainsjochs, 1708 m

Aus dem Nesseltal

anspruchsvoll

5 Std.

1100 Höhenmeter

Schwierigkeit: Beim Anstieg vom Nesselberg zum Gipfel braucht man Trittsicherheit, Schwindelfreiheit und ein wenig Klettergewandtheit (I). Auch der Abstieg vom Nordostrücken ins Nesseltal verlangt sauberes Gehen und Trittsicherheit, vor allem aber Ausdauer.
Beste Jahreszeit: Sommer und Herbst (nicht, wenn Schnee liegt).
Charakter: Die Überschreitung des Trainsjochs aus dem Nesseltal ist geprägt vom schönen und spannenden Aufstieg, großartiger Rundschau am Gipfelgrat und am Gipfel und schier nicht enden wollendem Rückweg.
Talort: Bayrischzell (795 m).
Ausgangspunkt: Abzweigung des Nesseltals aus dem Ursprungtal (840 m).
Anfahrt: Linienbus ab Bahnhof Bayrischzell bzw. Kufstein. Mit dem Auto von Kufstein über Hinterthiersee – Landl oder von Miesbach über Hausham – Schliersee – Bayrischzell bzw. durch das Leitzachtal.
Einkehr/Übernachtung: Im Ursprungtal in der Bäckeralm, beim Zipfelwirt oder im Ursprunghaus.
Karten: Topografische Karte des Bayer. Landesvermessungsamtes, 1:50 000, Blatt Mangfallgebirge oder Kompass-Wanderkarte, 1:50 000, Blatt 8 (Tegernsee – Schliersee).

Das Trainsjoch ist ein recht beliebter und aussichtsreicher Wandergipfel. Vor allem über das Inntal zum Kaisergebirge kann man an klaren Tagen beeindruckende Ausblicke genießen. Wenn im Herbst die Sonne besonders klar vom Himmel strahlt und der Föhn die Luft ausputzt, zeigen sich auch weite Teile des Alpenhauptkamms so schön, wie sie schöner nicht sein können. Der übliche Zustieg durch das Trockenbachtal, über die Untere und die Obere Trockenbachalm (die von den Wirtsleuten »Mariandlalm« genannt wird) ist deshalb an herbstlichen Wandertagen

Der Trainsjoch-Gipfel

regelrecht überlaufen. Da mag es manchen Wandergesellen schon jucken, alternative Routen ausfindig zu machen, wo es nicht gar so stark zugeht. Und solche Wege gibt es am Trainsjoch. Sie verlaufen auf der Nordseite des Berges, hoch über dem Nesseltal. Da das Trainsjoch auf dieser Seite viel steiler ausfällt, sind die Wege auch wesentlich spannender.

Aufstieg: Von der Straßenabzweigung am Eingang ins Nesseltal (begrenzte Parkplätze) gering ansteigend gegen Osten ins Tal hinein. Am Waldrand, noch vor den Nesselalm-Jagd- und Diensthütten, nach rechts auf eine Fahrspur abzweigen und etwa 50 Meter weiter vorne wieder nach rechts abdrehen. In mäßiger Steigung der Forststraße gegen Südwesten, später Süden, durch den Wald folgen und in der Abzweigung durch eine Linkskehre, am Fahrweg bleibend, gegen Norden bis zum Straßenende. Dann auf schmalem, aber gutem Bergweg in Kehren moderat ansteigend durch den Wald zur kleinen Nesselberg-Jagdhütte. Hinter der Jagdhütte wird der Bergpfad ziemlich steil und führt zum langen Rücken des Nesselbergs.

Neben den Grenzsteinen gegen Osten am licht bewaldeten Rücken weiter und an der Abzweigung einer Abstiegsroute ins Trockenbachtal vorbei. Unvermittelt schwingt sich der Anstieg steil

Marterl für einen verunglückten Grenzer am Trainsjoch

Tipp

Man kann vom Trainsjoch nach Süden in den Trainssattel absteigen und durch das Trockenbachtal ins Ursprungtal absteigen. Möglich, aber deutlich steiler wäre auch vom Nesselberg der Abstieg ins Trockenbachtal.

auf und verlangt im Felsenbereich mehrmals kräftiges Zupacken. Anschließend geht es durch eine schmale Lichtung enorm steil weiter und zwischendurch mehrmals über kurze Felsenabsätze hinüber. Dann über eine Graterhebung hinweg ein paar Meter bergab und schließlich – nicht mehr gar so steil – zum Gipfelkreuz hinauf.

Abstieg: Vom Gipfel am langen Gratrücken gegen Nordosten weiter und der markierten Wegspur in mehrmaligem Auf und Ab zur Routenverzweigung beim Grenzstein aus dem Jahr 1937 folgen. Dort links abdrehen und auf steilem Latschenweg vorsichtig und genau auf Beschilderung und Markierung achtend nach Nordosten hinab. Schließlich dreht der schmale Bergpfad links ab, quert eine weite Hangmulde und führt in licht bewaldete Steilhänge hinein. Über sie nach Norden hinaus, dann rund 70 Höhenmeter Gegenanstieg und zur Wegkreuzung westlich der Wirtsalm hinab. Dort links abbiegen und auf schmalem Weg einen grimmig abbrechenden Steilhang queren, in einer Linkskurve durch eine Reiße und steil im Wald hinab, bis ein guter, breiter Weg erreicht wird. Auf ihm weiter, bis er sich zur Straße weitet, die das lange Nesseltal immer flacher hinausführt. Ab dem Nesselalm-Jagdhaus auf der Aufstiegsroute zurück.

Auf den Großen Traithen, 1852 m

47

Auf stillen Wegen über dem Ursprungtal

mittel

5:30 Std.

1070 Höhenmeter

Schwierigkeit: Der Gipfelanstieg zum Traithen ist steil und die Kalksteine sind schmierig, vor allem bei Nässe – dort besonders aufpassen. Beim Abstieg am alten Jägersteig ist Vorsicht in den steil abbrechenden Waldhängen angezeigt.
Beste Jahreszeit: Sommer und Herbst.
Charakter: In den tiefen Wäldern auf der Westseite des Traithens ist es ruhig. Am recht steilen Anstieg durch die Trockenletten wird man höchstwahrscheinlich allein unterwegs sein. Der Rummel geht erst oberhalb der Fellalm, im Sattel zwischen Kleinem und Großem Traithen los, wo die meisten Wanderer von der Rosengassenalm heraufkommen. Besonders still geht es auf der Abstiegsroute am beschriebenen Jägersteig zu, der nur gering abfällt. Wer diese weite, flache Variante wählt, kann beim Abstieg die Gelenke schonen.
Talort: Bayrischzell (795 m).
Ausgangspunkt: Bayrischzell, Ursprungtal, Parkplatz beim Langlaufzentrum Stockerhütte (831 m).
Anfahrt: Linienbus ab Bahnhof Bayrischzell bzw. Kufstein. Mit dem Auto von Kufstein über Hinterthiersee – Landl oder von Miesbach über Hausham – Schliersee – Bayrischzell bzw. durch das Leitzachtal.
Einkehr: Bescheidene Einkehr (Brotzeit) in der Fellalm (1621 m) möglich.
Karten: Topografische Karte des Bayer. Landesvermessungsamtes, 1:50 000, Blatt Mangfallgebirge oder Kompass-Wanderkarte, 1:50 000, Blatt 8 (Tegernsee – Schliersee).

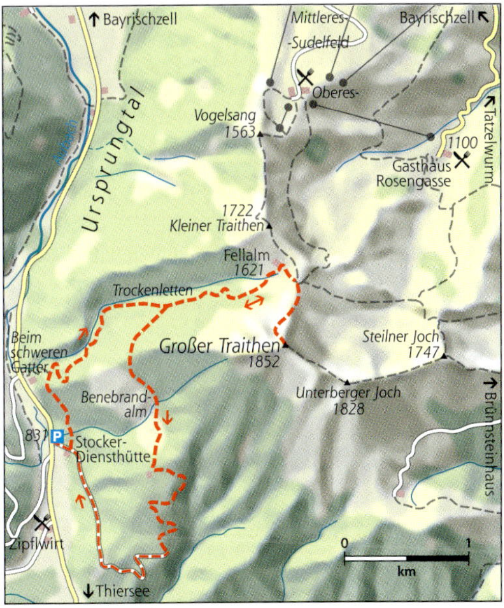

Es gibt viele Wege zum Traithen (oder »Droadn«, wie ihn die Einheimischen nennen). Die meisten Menschen kommen von der Rosengasse herauf, denn das geht schnell und kostet nicht so viel Kraft. Ausdauersportler und Skitourengeher steigen vom Tatzelwurm über Schoißer-, Baumoos- und Seeonalm auf. Dabei überqueren sie gleich mehrere Gipfel (Steilner Joch, Unterberger Joch und Steintraithen). Man kann sogar von Süden aus dem Nes-

Der Große Traithen

seltal über den Kleinen Unterberg aufsteigen, was eine verschwiegene, aber sehr lange Route ist.

Kaum bekannt ist auch der westseitige Anstieg durch die Trockenletten auf einem alten, steilen Almweg, dem wir uns hier widmen wollen. Die Route ist nicht zu verfehlen, und wenn man etwas aufpasst, um die Abzweigung zur alternativen Abstiegsroute zu finden, kann es auch beim Rückweg keine Orientierungsprobleme geben.

Aufstieg: Am Fahrweg gegen Osten hinauf und nach rund 200 Meter Entfernung nach links auf ein schmales Forststräßchen abzwei-

47

Tipp

Ein netter, kurzer Abstecher von nur 15 Minuten ist der südseitige Anstieg zum Kleinen Traithen (1722 m), damit man in sein privates Tourenbuch noch einen Gipfel mehr eintragen kann ...

gen (Wegtafel). Es steigt im steilen, felsigen Waldhang lange gegen Norden an, führt durch zwei Kehren und endet auf rund 1100 Meter Höhe nach 45 Minuten Anstiegszeit. Ein enger, steiniger Bergweg führt nun in gleicher Richtung steil ansteigend wechselnd durch dichten Wald und lichtere Waldpassagen neben der Trockenletten bergauf. Auf etwa 1500 Meter Höhe kommt man zu einem Weidezaun und dahinter in die Waldweiden der Fellalm. Von dort zieht sich der vom Vieh geschädigte Bergweg am Wegkreuz und einer Bank zum Almgebäude hinauf und weiter in den breiten Sattel zwischen Großem und Kleinem Traithen. Dort rechts abzweigen und auf den steilen Gipfelaufschwung zuhalten. Zwischen dichtem Latschengebüsch die letzten 45 Minuten recht steil auf rutschigen Kalksteinen zum Gipfelkreuz hinauf.

Abstieg: Bis zur Höhe von etwa 1350 Meter in jedem Fall entlang der Aufstiegsroute. Auf manchen Karten ist dort noch die Trockenletten-Diensthütte eingetragen, die es allerdings nicht mehr gibt. Direkt am Waldrand, unterhalb einer sehr nassen Wiese, zweigt an dieser Stelle nach links ein schmaler Jägersteig vom Aufstiegsweg ab. Auf ihm im Wesentlichen gegen Süden, in mehrmaligem Auf und Ab über steile Waldhänge den roten und gelben Markierungszeichen entlang. Hinter einer Passage, die unter steilen Schrofenhängen durch steinschlaggefährdetes Gebiet führt, beschreibt der schmale Pfad zwei enge, ansteigende Kehren, quert eine steile Hangmulde und fällt zu einem Fahrweg ab. Dort nicht nach rechts zum Forsthaus, sondern geradeaus der Forststraße in vielen Kehren anfangs nach Süden, später gegen Norden bis zum Ausgangspunkt folgen.

Im Sattel zwischen Großem und Kleinem Traithen, hinten der Brünnstein

48 Auf den Zinnenberg, 1565 m

Von Innerwald über den Brandelberg zum Klausenberg

mittel

4:45 Std.

1000 Höhenmeter

Schwierigkeit: Leichte Rundwanderung ohne Schwierigkeiten. Kurz unter dem Klausenberg geht es am Gipfelgrat ein paar Meter über einen etwas »luftigen« Felsen hinüber. Wer so etwas gar nicht gewöhnt ist, muss dort vorsichtig sein.
Beste Jahreszeit: Frühsommer bis später Herbst.
Charakter: Lange, in weiten Bereichen einsame Höhenwanderung mit drei (eventuell sogar vier) Gipfeln im Tourenprogramm.
Talort: Aschau im Chiemgau (601 m).
Ausgangspunkt: Innerwald (716 m).
Anfahrt: Linienbusverbindung ab Bahnhof Aschau. Mit dem Auto auf der Autobahn München – Salzburg bis Aschau und dann zum Ausgangspunkt.
Einkehr/Übernachtung: Klausenhütte (1508 m).
Karten: Topografische Karte des Bayer. Landesvermessungsamtes, 1:50 000, Blatt Chiemsee und Umgebung oder Kompass-Wanderkarte, 1:50 000, Blatt 10 (Chiemsee – Simssee).

Man kann es kaum glauben, dass es im Chiemgau, und noch in unmittelbarer Nähe des so oft besuchten Spitzsteins, Gipfelziele gibt, auf die kaum jemand hinaufgeht. Der Brandelberg und der Zinnenberg sind solche Berge, und zum Zinnenberg gibt es nicht einmal ein Weglein. Häufiger wird der Klausenberg besucht, denn unmittelbar unter dem Gipfelrücken steht die attrak-

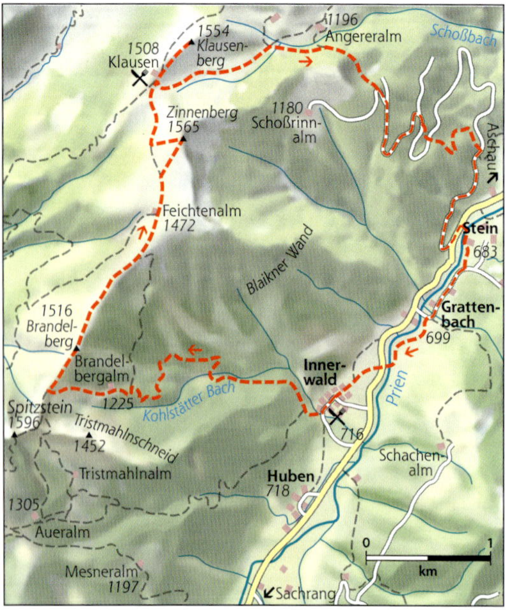

Tipp

Vom Gratsattel südlich des Brandelberges könnte man in rund 45 Min. am alten, nicht mehr gepflegten steilen Felsensteig zur Kapelle am Spitzsteingipfel (1596 m) ansteigen. Das ist durchaus luftig (I) und anstrengend. Das Schild »Weg ist nicht mehr begehbar« stimmt bislang nicht, denn die Route ist durchaus noch in gutem Zustand – jedenfalls bis jetzt.

48

tive, bewirtschaftete Klausenhütte. Alle drei Gipfel haben eine schöne Rundschau zu bieten, und sie lassen sich in einer ansehnlichen Wanderung zu einer Rundtour verbinden, die nur den kleinen Schönheitsfehler hat, dass man beim Rückweg eine gute Viertelstunde auf der Autostraße gehen muss.

Aufstieg: Am Südrand von Innerwald gibt es bei der Brandelbergstraße einen kleinen Parkplatz, und gleich daneben beginnt ein schmaler Fahrweg, der im Wald nach Westen ansteigt. Hinter einer kurzen Lichtung verzweigt er sich nach ein paar Minuten Aufstiegszeit, und man geht am breiten Weg nach rechts, gegen Nordwesten, später Westen in moderater Steigung bergauf. Der schöne Bergweg führt allmählich an den Kohlstätter Bach heran und quert ihn auf der Höhe von 885 Meter, um ein Stück gegen Nordosten anzusteigen. Dann dreht er links ab, führt zügig durch Mischwald hinauf und quert auf der Höhe von etwa 1000 Meter zwei Bachreißen. Anschließend schwingt er sich noch zur Verzweigung auf etwa 1160 Meter Höhe auf. Dort rechts halten und bald darauf auf die Weidehänge der Brandelbergalm (1225 m), über der sich der Weg gabelt. Dem rechten Wegarm gegen Westen bis in den Sattel zwischen Spitzstein und Brandelberg (1516 m) folgen. Im Sattel rechts abbiegen.

Blick vom Brandelberg zu Heuberg und Wasserwand

Schon bald verlässt die Wegspur den Gratrücken auf dessen linke Seite und steigt – später wieder auf dem Rücken – gegen Norden an. Kurz unter dem Brandelberg zweigt nach rechts eine Pfadspur ab, über die man zum Grenzstein auf dem ersten Gipfelziel locker hinaufgehen kann. Vom Brandelberg den kurzen Stich zum Aufstiegsweg zurück. Auf ihm gering abfallend gegen Norden zum Sattel auf 1431 Meter weiter. Aus dem weiten, freien Sattel den Markierungszeichen an der Feichtenalm (1472 m) vorbei nach Norden folgen. Dann diese Route nach rechts verlassen, um weglos über die schräge Hochebene zum Zinnenberg hinaufzugehen.

Die Klausenhütte unter dem Klausenberg lädt zu angenehmer Rast.

Abstieg: Am Rande von Latschenbuschwerk weglos am weiten Gipfelhang nach Westen hinab, bis der Querweg erreicht wird, der nach Norden (rechts) zur Klausenhütte (1508 m) und zur Klausenalm abfällt. Von der Alm steigt das Weglein gegen Nordosten über einen Höhenrücken und zum Klausenberg hinauf (ab Zinnenberg 25 Minuten). Bis kurz hinter die Klausenhütte entlang der Aufstiegsroute zurück, dann links abdrehen, um dem nach Hainbach beschilderten Weglein durch den breiten Talgrund zwischen Zinnenberg und Klausenberg gegen Osten zu folgen. Auf der Höhe von 1240 Meter wird ein Fahrweg erreicht. Auf ihm hinab und bei der Verzweigung auf 1195 Meter rechts halten, um nach einem kurzen, leichten Gegenanstieg am Fahrweg mit einigen attraktiven Abkürzungen in schwungvollen Kehren talwärts zu gehen. Auf 795 Meter Höhe wird eine Straße erreicht. Dort nicht der Wegtafel nach Hainbach folgen, sondern am Sträßchen weiter, das gegen Süden zur Autostraße hinabführt. Bis Grattenbach am Straßenrand gegen Süden gering ansteigend dahin. Dann beginnt ein kombinierter Rad- und Fußweg, von dem man nach Südwesten über einen Feldweg nach Innerwald zurückgeht.

Hörndlwand, 1684 m, und Gurnwandkopf, 1691 m

Am Seehauser Kienberg

49

mittel

4:30 Std.

1000 Höhenmeter

Schwierigkeit: Einfache, aber steile Wanderung. Auf der vorgeschlagenen Abstiegsroute können Trittsicherheit und Schwindelfreiheit nicht schaden.
Beste Jahreszeit: Sommer und Herbst.
Charakter: Beschauliche Rundwanderung mit interessanter Gipfelrundschau und zünftiger Einkehrmöglichkeit in der Röthelmoosalm beim Abstieg.
Talort: Ruhpolding (655 m).
Ausgangspunkt: Abzweigung der schmalen Fahrstraße zur Röthelmoosalm von der B 305 auf der Nordseite des Weitsees (757 m).
Anfahrt: Busverbindung mit der Linie Reit im Winkl – Ruhpolding – Inzell. Mit dem Auto von der Ausfahrt Siegsdorf der Autobahn München – Salzburg nach Ruhpolding und auf der B 305 zum Ausgangspunkt.
Einkehr: In der Röthelmoosalm.
Karten: Topografische Karte des Bayer. Landesvermessungsamtes, 1:50 000, Blatt Chiemsee und Umgebung oder Kompass-Wanderkarte, 1:50 000, Blatt 14 (Berchtesgadener Land – Chiemgauer Alpen).

Es ist erstaunlich, was sich an der Hörndlwand und dem Gurnwandkopf für ein alpines Szenario aufbaut, obwohl die Gipfel nicht einmal eine Höhe von 1700 Meter erreichen. Noch erstaunlicher wird der Wanderer den Umstand finden, dass auf die scharf geschnittenen Felsengipfel relativ einfache Wege hinauf- und hinunterführen, die so geschickt angelegt sind, dass man nur an einer kurzen Stelle der Abstiegsroute Trittsicherheit und Schwindelfreiheit braucht. Der Rest ist leicht, wenn auch manchmal recht steil und deshalb mühsam. Neben den eindrucksvollen Landschaftserlebnissen auf dieser Rundwanderung wird man auch von der umfassen-

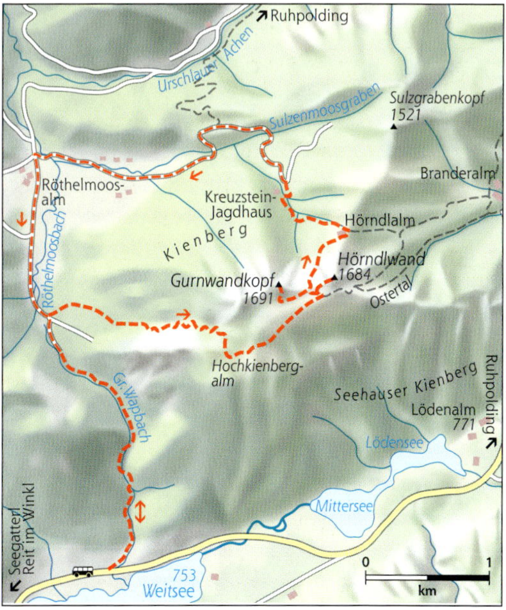

49

den Gipfelrundschau begeistert sein, vorausgesetzt man erwischt einen schönen Tag, den man für diese Bergfahrt unbedingt abwarten sollte.

Aufstieg: Von der Abzweigung des schmalen Fahrwegs zur Röthelmoosalm auf schmaler Fahrspur neben dem Wappbach in den Wald hinein. Der Weg führt nur schwach ansteigend durch eine tiefe Schlucht und wechselt mit dem Bach mehrmals die Seiten. Die Klamm weitet sich zu einem breiten Tal, und in einer Lichtung auf knapp 900 Meter Höhe verzweigen sich die Wege. Dort rechts und der Beschilderung gegen Osten, Richtung Hörndlwand und Ostertal folgen. Anfangs auf einer Fahrspur vom Jung- in den Hochwald hinein, dann immer steiler, bis die Fahrspur auf etwa 990 Meter Höhe endet. Ein schmaler Steig führt in der gleichen Richtung durch den Bergwald hinauf und unmittelbar an wild aufragende Wände heran. Dort schwenkt er ein wenig links ab und schlängelt sich neben einer glatten Felsenmauer steil durch einen Taleinschnitt hinauf.

Auf der rechten Seite legt sich die Wand zurück, und auf der linken steigen schroffe Felsen an, die im Gurnwandkopf gipfeln. Schließlich dreht der Weg rechts aus dem Tälchen heraus, verläuft ein paar Meter gegen Süden und an den Ruinen der Hochkienbergalm (1465 m) in weitem Abstand vorbei. Der Weg steigt nur noch wenig an und führt über ehemalige Almwiesen, die allmählich verbuschen und mit Wald zuwachsen. In diesen Hängen schwenkt man links ab und geht gegen Nordosten auf einer Trittspur gemächlich über weite, flache Hänge unter dem Gurnwandkopf dahin, bis der Gipfelrücken mit seinen Kreuzen zu sehen ist. Am latschenbestandenen Gipfelrücken rechts ab und über ihn gegen Nordosten (kurz über Felsen; leicht) zum ersten und gleich darauf, nach einem minimalen Abstieg, zum höchsten Kreuz hinauf. Es gibt auch noch ein drittes Kreuz auf einer nordöstlich vorgelagerten Kuppe, das aber nur selten besucht wird. Wer Lust auf einen zweiten, sogar etwas höheren Gipfel hat, kann vom Gipfelrücken nach Südwesten in etwa 15 Minuten zum Gurnwandkopf hinaufgehen.

Tipp

Man kann auch vom Parkplatz Seehaus über die Branderalm und durch das Ostertal zu Hörndlwand und Gurnwandkopf aufsteigen. Auf dieser Route verläuft auch die im Ostertal recht steile Skitour.

Abstieg: Zunächst am Gipfelrücken entlang der Aufstiegsroute zur Wegverzweigung hinab. Dort ein paar Meter geradeaus gehen, bis

nach rechts (Norden) eine markierte Spur aus dem Sattel zwischen Gurnwandkopf und Hörndlwand Richtung Röthelmoosalm abfällt. Ein steiler Bergpfad schlängelt sich anfangs durch Latschengebüsch, dann zwischen eindrucksvollen, bizarren Felsennadeln und tiefen Schluchten die steile Bergflanke hinab. Die Route führt zwischendurch kurz über brüchige Schrofen, wo etwas Vorsicht angebracht ist. Schließlich wird die Hörndlalm (Bergwachtdiensthütte, 1435 m) erreicht. Dort verzweigt sich der Weg. Geradeaus weiter und dem Wegweiser Röthelmoos/Urschlau folgen. Nach der Verzweigung dreht der Weg bald links ab und führt im Wald steil talwärts zu einem Fahrweg auf 1170 Meter Höhe. Auf ihm anfangs gegen Norden, dann gegen Westen in die weite Talmulde des Röthelmooses (910 m) mit der gleichnamigen Alm. Die Straße führt über den ebenen Boden und an den zahlreichen Almgebäuden mit der Bergwirtschaft Dandlalm vorbei. Hinter dem Moos und noch vor den letzten Höfen links abbiegen und am Fahrweg eben gegen Süden bis zur Aufstiegsroute. Auf ihr zum Ausgangspunkt zurück.

Die Bergwirtschaft Dandlalm (Röthelmoosalm) unter der Hörndlwand

50 Auf zum Streicher, 1594 m

Am Inzeller Kienberg

mittel

4:30 Std.

850 Höhenmeter

Schwierigkeit: Im Prinzip einfache Tour. Nur der Anstieg im Nordkar ist streckenweise recht steil und etwas felsig. Trittsicherheit kann also nicht schaden.
Beste Jahreszeit: Sommer und Herbst.
Charakter: Über der Waldgrenze landschaftlich sehr ansprechende Bergtour mit strammem Steilanstieg und einem etwas weiteren, aber deutlich flacheren Abstieg auf Fahrwegen. Interessante Gipfelrundschau. Diese Tour eignet sich für Kinder ab 11 Jahren.
Talort: Inzell (693 m).
Ausgangspunkt: Wanderparkplatz westlich von Schmelz an der B 305 (752 m) am Ausgangspunkt des Knappensteiges (nicht beim Märchenwald).
Anfahrt: Busverbindung Inzell – Ruhpolding. Mit dem Auto von der Ausfahrt Siegsdorf der Autobahn München – Salzburg nach Inzell und auf der B 305 zum Ausgangspunkt.
Einkehr/Übernachtung: Im Gasthaus Schmelz im Tal.
Karten: Topografische Karte des Bayer. Landesvermessungsamtes, 1:50 000, Blatt Berchtesgadener Alpen oder Kompass-Wanderkarte, 1:50 000, Blatt 14 (Berchtesgadener Land – Chiemgauer Alpen).

»Kien« hat man früher zu den Latschen gesagt. Daher der Begriff »Kienspan«. Ein Kienberg ist also ein Latschenberg, eine Bergbezeichnung, die im Alpenraum nicht gerade selten ist. Auch unser Kienberg ist mit Latschen recht dicht bewachsen. Aber keine Angst, wir werden auf der Tour nicht durch Krummholz kriechen müssen. Es gibt einen zwar steilen, doch schönen Anstiegsweg, und der Abstieg verläuft zum größten Teil sowieso auf einer breiten Schotterstraße. Insgesamt ist die Tour, vor allem beim Aufstieg, durchaus spannend. Denn die Schönheit der Landschaft stei-

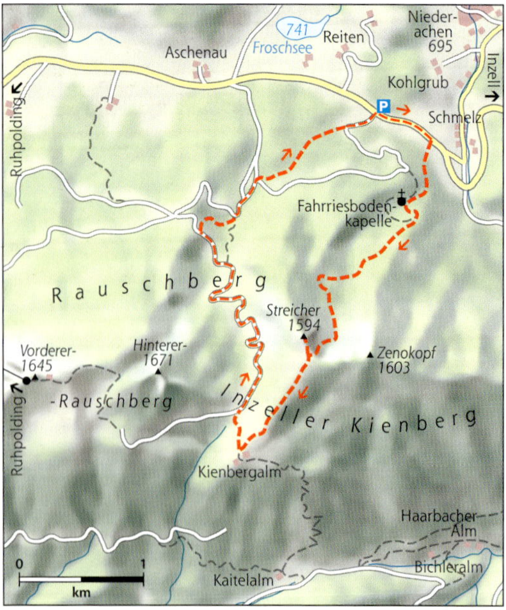

gert sich vom Anfang bis zum Gipfel. So zeigt sich zunächst nur dichter Wald, dann kommen ein paar wilde Reißen, ein steiles Kar und zuletzt eine fast lieblich wirkende Bergwaldregion, wo sich wunderschöne Fleckerl für eine ausgedehnte, aussichtsreiche Gipfelrast finden lassen.

Aufstieg: Am breiten, aber recht steilen Knappensteig nach Süden in den Wald hinein, am Bildstock aus dem Jahr 1746 und der Fahrriesbodenkapelle vorbei. Dann schnürt sich der Weg etwas zusammen, knickt scharf rechts ab und quert eine Fahrspur. Nun

Markantes Vorgebirge am Inzeller Kienberg

lange am steinigen Bergweg durch den Wald gegen Südwesten hinauf und in eine breite Geröllrinne. Durch sie in ein paar steilen Kehren hinauf und in schütteren Lärchenwald hinein. Bald darauf zeigen sich die wilden, mit Latschen überwachsenen Nordostabstürze des Kienbergs. Der Bergpfad wendet sich in ein Kar, das nach oben hin immer steiler wird. Mühsam geht es nun gegen Süden hinauf, kurz über kleine, aber steile Felsbarrieren, bis ein breiter Rücken erreicht wird. Durch das Weidegatter und rechts haltend in wenigen Minuten zum Gipfelkreuz. Wer Appetit auf einen zweiten Gipfel hat, kann vom breiten Rücken unterhalb des Gipfels noch dem Zenokopf (1603 m) seine Aufwartung machen.

Beim Anstieg zum Streicher öffnen sich freie Talblicke.

Abstieg: Bis zum Weidegatter entlang der Aufstiegsroute. Dort geradeaus weiter, in leichtem Rechtsbogen an der Inzeller Skihütte vorbei und auf einen breiten Rücken gegen Südwesten hinab. Unmittelbar vor der Kienbergalm stößt man zu einer Fahrspur. Auf ihr nach rechts weiter. Schließlich zu einer breiten Forststraße. Auf ihr immer steiler in Kehren hinab, an imposanten Felswänden vorbei und in einer großen Linkskehre nach rechts auf den beschilderten Weg (Richtung Schmelz) abzweigen.

Er weitet sich bald zu einer Fahrspur, die an der Pointner-Graben-Diensthütte vorbeiführt. Gleich darauf auf eine Forststraße und nach rechts hinab. Schon nach gut 100 m verzweigt sich diese und es geht rechts ab. In der Rechtskehre auf dem Fahrweg bleiben und 20 Meter dahinter nach links auf einen breiten Bergweg (Wegweiser). Ein paar Meter bergauf und wieder auf Fahrweg – geradeaus –, bis bei der Bachbrücke die B 305 erreicht wird. An ihrem Rand nach rechts (gegen Osten) in gut 5 Minuten zum Ausgangspunkt zurück.

Tipp

Recht einfach ließe sich der Kienberg erreichen, wenn man von Ruhpolding mit der Seilbahn zum Rauschberg auffährt und dann gemütlich auf Fahrwegen zur Kienbergalm bummelt, um am obersten Stück der geschilderten Abstiegsroute zum Gipfel aufzusteigen.

Geotop am Karkopf, 1738 m

Besuch bei der Steinernen Agnes

51

leicht

5:15 Std.

1150 Höhenmeter

Schwierigkeit: Leichte, aussichtsreiche Wanderung.
Beste Jahreszeit: Sommer und Herbst.
Charakter: Diese interessante Wanderung im Lattengebirge ist mit einem netten, aber steilen Abstecher zur Steinernen Agnes, einem der schönsten Geotope Bayerns, verbunden, das man sich keinesfalls entgehen lassen sollte. Wegen der Seilbahnstation am Predigtstuhl ist es in Gipfelnähe nicht mehr besonders still. Außerdem kommen oft Soldaten kompanieweise herauf, doch die verhalten sich meist sehr unauffällig.

Talort: Bad Reichenhall (551 m).
Ausgangspunkt: Winkl, Bichllehen (700 m).
Anfahrt: Busverbindung ab Bahnhof Bad Reichenhall. Mit dem Auto ab Autobahnausfahrt Piding über Bad Reichenhall auf der B 20 zum Ausgangspunkt.
Einkehr/Übernachtung: In Winkl.
Karten: Topografische Karte des Bayer. Landesvermessungsamtes, 1:50 000, Blatt Berchtesgadener Alpen oder Kompass-Wanderkarte, 1:50 000, Blatt 14 (Berchtesgadener Land – Chiemgauer Alpen).

Das Lattengebirge ist hauptsächlich aus Ramsaudolomit aufgebaut, der durch Witterungseinflüsse oft klein zerbröselt. In den härteren Schichten bilden sich durch die Verwitterung dieses Gesteins recht eigentümliche Felsengestalten, die zum Teil schon von weitem zu sehen sind. Eine davon ist die so genannte »Schlafende Hexe« im Gipfelbereich des Lattengebirges, die an eine ziemlich kurios wirkende, liegende Hexe erinnert. Aber auch aus der Nähe zeigen sich recht eigentümliche Felsengebilde, wie die Steinerne Agnes, die etwas abseits der Aufstiegsroute steht. Klar, dass sich darum einige alte Sagen und Schauergeschichten ranken. Ein

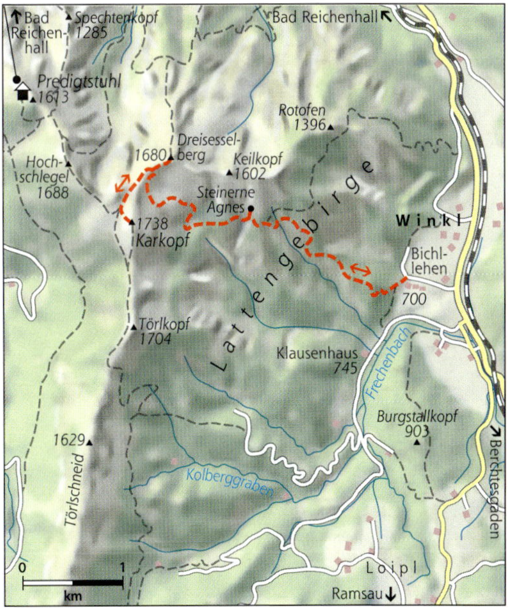

Die Steinerne Agnes

51

kurzer Abstecher zu diesem markanten Zeugen der Erdgeschichte lohnt sich. Wie ein großer Schwammerl ragt die Agnes zwischen den Latschen empor. Da es sich dabei um ein schützenswertes Geotop handelt, sollten Kletterer darauf verzichten, dieses zu besteigen, auch wenn es sie noch so juckt.

Tipp

Wer noch über ausreichend Kondition verfügt, sollte sich vom Gipfel des Karkopfs den Abstecher (rund 15 Min.) zum Dreisesselberg (1680 m) gönnen. Das lohnt sich wegen der Gipfelrundschau nach Bad Reichenhall und zu den benachbarten Gipfeln Zwiesel und Hochstaufen.

Aufstieg: Von Bichllehen am stark ansteigenden Sträßchen im Wald nach Südwesten hinauf. Drei Mal rechts abbiegen und zu einem steilen Stufenweg, der im Wald nach Nordwesten ansteigt. Langsam wird es etwas flacher, und auch der Wald lichtet sich auf einem Rücken ein wenig. Dann geht es einen stark geneigten Hang entlang, und die ersten Ausblicke zu Watzmann und Hochkalter öffnen sich. Schließlich stößt man zu einer von rechts abfallenden Rippe, hinter der die Wegspur deutlich abfällt. Von dort kann man auf steiler Wegspur durch Wald und Latschen zur Steinernen Agnes aufsteigen. Doch verlangt dieser lohnende Abstecher etwas Trittsicherheit.

Neben der Agnes gibt es einen kommoden Rastplatz mit freier Aussicht, wo man sich niederlassen und die eindrucksvolle Naturerscheinung vor der Kulisse der markanten Berchtesgadener Berggipfel Watzmann und Hochkalter in Ruhe bestaunen kann. Kommt man von der Steinernen Agnes wieder herab, biegt man rechts auf den Anstiegsweg ab und geht ein gutes Stück abwärts, bevor es durch stämmigen Buchenwald ziemlich eben zu einem weiten Kessel geht. Dort rechts halten und nach Nordwesten den heißen Sonnenhang hinauf. Die Felsstrukturen ändern sich, denn der eigentümliche, bröselige Ramsaudolomit wird durch Dachsteinkalk abgelöst. In ihm haben sich zahlreiche Dolinen gebildet, ein Zeichen für ein System von unterirdischen Wasserläufen. Deshalb gibt es dort nur wenig Wasser. Bei der Wegverzweigung links abdrehen und nach rund 15 Minuten abermals links abzweigen und zum Gipfel des Karkopfs hinauf.

Abstieg: Entlang der Aufstiegsroute.

Ausblick vom Dreisesselberg nach Bad Reichenhall und zum Hochstaufen

52 Auf das Große Hundshorn, 1703 m

Im Wanderrevier Unteres Saalachtal

mittel

6:30 Std.

1000 Höhenmeter

Schwierigkeit: Im Gipfelbereich können Trittsicherheit und Schwindelfreiheit nicht schaden. Die Tour dort hinauf darf man nicht als kurzen Spaziergang abtun. Sie ist sehr lohnend und – wenn man an den Gegenanstieg auf der hier vorgestellten Abstiegsroute denkt – auch anstrengend.
Beste Jahreszeit: Frühsommer bis zum ersten ergiebigen Schneefall.
Charakter: Landschaftlich schöne Rundwanderung.
Talort: Lofer (628 m).
Ausgangspunkt: Gasthaus Obermayrberg (915 m).
Anfahrt: Mit dem Auto über Bad Reichenhall – Schneizlreuth – Lofer oder über Walchsee – Kössen – Waidring – Lofer.
Einkehr/Übernachtung: In Obermayrberg.
Karten: Topografische Karte des Bayer. Landesvermessungsamtes, 1:50 000, Blatt Berchtesgadener Alpen; Kompass-Wanderkarte, 1:50 000, Blatt 14 (Berchtesgadener Land – Chiemgauer Alpen).

Als höchster Berg des Erholungsgebiets »Wanderrevier Unteres Saalachtal« schafft das Große Hundshorn mit Mühe und Not die 1700-Meter-Marke. Da aber der scharf geschnittene Gipfelfelsen recht zackig aus den dunklen Wäldern senkrecht herausragt, schaut das Hundshorn durchaus Respekt einflößend aus. Es versteht sich von selbst, dass die Gipfelrundschau zu den wilden Felsenbergen der Nachbarschaft sehr lohnend ausfällt.

Im Wanderrevier Unteres Saalachtal

Aufstieg: Vom Gasthaus Obermayrberg auf der Straße nach Süden, an der Wegabzweigung geradeaus und zur Schoberweißbachklause, die unter dem bayerischen König Ludwig I. im Saalforst errichtet wurde. Auf der Triftklause über den Schoberweißbach und gegen Westen weiter, bis sich der Fahrweg verzweigt. Dort links halten und zur Auerweißbach-

Tipp

Man kann sich den zackigen und mühevollen Gipfelanstieg sparen. Wer das möchte, geht aus dem Hundsattel Richtung Westen und verkürzt die Gipfeltour auf eine lange, schöne und auch nicht mühelose Rundwanderung.

alm. An beschilderter Stelle links abzweigen und an den Hütten vorbei zum Waldrand hinauf und gegen Süden in felsigen Wald hinein. Auf ordentlichem Steig über eine kurze Steilstufe und auf der Höhe von 1323 Meter aus dem Wald heraus. Der markierte Bergweg steigt gegen Südwesten an und führt an die felsigen Südausläufer des Hundshorns heran. Die steilen Hänge querend zieht sich der Pfad nach Süden hinauf und erreicht nördlich des Pointelkopfs den Hundsattel. Dort rechts abzweigen und gegen Norden durch schönen Bergwald, ein kurzes Stück etwas abwärts und dann ziemlich steil und felsig zum Gipfelkreuz hinauf.

Abstieg: Bis in den Hundsattel entlang der Aufstiegsroute. Im Sattel rechts (gegen Westen) weiter und in weitem Bogen zur Scheffsnother Alm (1337 m). Bei der Alm rechts ab und gegen Norden, später Nordwesten, im Wald weiter. In einer kleinen Lichtung gabelt sich der Weg. Dort rechts und gleich darauf in den Graben des Klausbachs hinab. Auf einem Steg über den Bach und in dichten Wald hinein. Hinter einem Zaun in einigen steilen Kehren am oberen Rand einer tief abfallenden Bachschlucht dahin und rechts aus dem Graben heraus. Anschließend über einige steile Bachreißen weiter, bis sich der Weg vor der Kematsteiner Alm verzweigt. Rechts haltend recht steil rund 200 Höhenmeter mühsam wieder aufsteigen. Knapp unter der Jochingalm geht man links, ein Stück Richtung Norden und dann am schmalen Fahrweg in Kehren zur breiten Forststraße hinunter. Damit ist die Aufstiegsroute erreicht, auf der man zum Ausgangspunkt zurückkommt.

53 Zum Wagendrischlhorn, 2251 m

Auf der Reiteralm

anspruchsvoll

9 Std.

1400 Höhenmeter

Schwierigkeit: Der Aufstieg über die beiden Klettersteige zur Mayrbergscharte und zum Wagendrischlhorn erfordert Trittsicherheit, Schwindelfreiheit und Klettersteigerfahrung; streckenweise Steinschlaggefahr. Einfacher ist die beschriebene Abstiegsroute über die Reiteralm. Wegen der Länge der Tour und dem beachtlichen Höhenunterschied sind gute Kondition und Ausdauer unbedingt erforderlich.
Beste Jahreszeit: Günstig im Hochsommer und im Herbst, nicht bei Schneelage.
Charakter: Sehr lange, aber vor allem auf den Klettersteigpassagen spannende Rundtour über die Reiteralm (Reiteralpe).
Talort: Lofer (628 m).
Ausgangspunkt: Obermayrberg (915 m).
Anfahrt: Mit dem Auto über Bad Reichenhall – Schneizlreuth – Lofer oder über Walchsee – Kössen – Waidring – Lofer.
Einkehr/Übernachtung: In Obermayrberg. Die Traunsteiner Hütte (1570 m) wäre gut erreichbar.
Karten: Topografische Karte des Bayer. Landesvermessungsamtes, 1:50 000, Blatt Berchtesgadener Alpen; Kompass-Wanderkarte, 1:50 000, Blatt 14 (Berchtesgadener Land – Chiemgauer Alpen).

Anstieg zur Mayrbergscharte

Die Berge südlich der Reiter Alm, die im Großen Häuselhorn mit 2284 m gipfeln, sind ein anspruchsvolles, beliebtes Berggelände. Vor allem Kletterer finden an der Südseite des Häuselhorns und an den Mühlsturz- und Grundübelhörnern ein Dorado für ihren Sport. Aber auch Wanderer und Klettersteigfreunde kommen nicht zu kurz. Die interessantesten Gipfel sind das Stadelhorn, das Wagendrischlhorn und das Große Häuselhorn. Sie sind mit markierten Routen bzw. Klettersteigen erschlossen und vermitteln trotz ihrer eigentlich bescheidenen Höhe eindrucksvolle alpine Erlebnisse.

Aufstieg: Vom Wirtshaus Obermayrberg am Fahrweg nach Süden in den Wald hinein. Die Straße verzweigt sich. Dort geradeaus weiter und kurz danach, dem Wanderweg folgend, etwas nach links, also gegen Osten, an der Berger-Maiß-Alm vorbei und am Loferer Steig durch den Wald hinauf. Der gute Wanderweg leitet in Kehren bergwärts und stößt an das obere Ende eines Fahrwegs. Im weiteren Verlauf über zwei Bachgräben

53

> **Tipp**
>
> Bevor man von der Roßgasse nach links zum Alpasteig abkürzt, kann man auch geradeaus weitergehen und in der Traunsteiner Hütte (1580 m) einkehren oder, wenn die Tour sonst zu lang wird, übernachten. Wer eine Übernachtung einplant, kann ja vorher noch durch die Schneegrube dem Großen Häuselhorn (2284 m) einen Besuch abstatten. So viel Zeit muss sein.

und zur Jagdhütte Hochgscheid. An der Hütte vorbei und in ein trockenes Bachbett hinein. Schon bald geht es aus ihm wieder heraus, nach rechts (Haltegriff im Fels) und durch lichten Wald und Latschenbuschwerk ziemlich steil zum Hochgscheidsattel (1750 m) hinauf. Im Sattel links abbiegen und gegen Nordosten weiter. Die Markierungszeichen weisen zunächst über einen Rücken. Am oberen Rand des wild nach Süden abbrechenden Stadelgrabens wendet sich die Route (etwa bei der Abzweigung des Schafelsteigs) nach Norden.

Der weitere Aufstieg wird ziemlich anspruchsvoll. Ein ordentlich angelegter, aber schneidiger Klettersteig weist steil durch die Felsen hinauf. An einer Stelle muss man sich die Trittfolge genau überlegen, sonst kommt man nicht weiter. Oben, wo das Gelände etwas abflacht und die Seilsicherung endet, steigt man – vorsichtig darauf achtend, dass man keine losen Steine abtritt – in die Mayrbergscharte (2053 m) hinauf. In der Mayrbergscharte links, also Richtung Norden und den Markierungszeichen folgend, anfangs über Fels- und Wiesengelände, bis man an den steilen, felsigen Gipfelaufbau herankommt. Eine gute Seilsicherung weist nun die weitere Route zum Gipfel. Anfangs ist der Steig relativ leicht zu

53

begehen, nur stark ausgesetzt. Weiter oben wird er ein wenig schwieriger, und die Schlüsselstelle ist in einem kleinen Kamin, bei der man sich die Tritte wieder genau suchen muss, bis man am Seil, von zwei kurzen Stellen unterbrochen, den Gipfelrücken erreicht, auf dem man bequem zum Kreuz hinübergeht.

Abstieg: Man kann natürlich über die beiden Klettersteige wieder absteigen. Lohnend ist jedoch die folgende Route, die allerdings viel Zeit in Anspruch nimmt, weil der Weg weit ist. Vom Gipfel fällt ein schmaler Pfad ein Stück nach Westen und dann gegen Norden, später Nordosten ab. Er führt durch feines Geröll, an ein paar eindrucksvollen Dolinenlöchern vorbei und dann Richtung Wagendrischlscharte. Man muss aber nicht ganz bis zu dieser Scharte absteigen, weil vorher nach links Markierungszeichen in das felsige Roßkar weisen. Dieser Abkürzer erreicht weiter unten

Idyllisches Seeauge auf der Reiteralm

den Weg, der unangenehm über grobes Kalkgestein talwärts führt. Etwas unterhalb der Schneegrube zur Wegverzweigung, wo nach links die Anstiegsroute auf das Häuselhorn hinaufführt. Dort geradeaus weiter und durch die steile Roßgasse nach Norden zur Reiteralm hinab. Noch bevor man in der tiefsten Senke der Reiteralm ankommt, verlässt man den Wanderweg im Latschengelände nach links. Weglos zu einem Wanderweg auf der gegenüberliegenden Talseite, dem man nach links bis auf etwa 1500 Meter folgt.

Unterwegs am Wagendrischlhorn

Dieser Pfad, »Alpasteig« genannt, knickt links ab, führt unter eindrucksvollen Felsenwänden gegen Süden und in eine weite Lichtung hinein. Der Weg führt am linken oberen Rand der Wiesen entlang, um einen bewaldeten Felsen herum und zur Alpaalm. Dort knickt der Pfad rechts ab und verläuft zunächst gegen Nordwesten, hält sich etwas links gegen Westen und fällt steil und in vielen Kehren durch den Wald ab. Der Steig, der immer wieder von Felsstürzen bedroht ist, weitet sich zu einem Fahrweg, von dem nach links an beschilderter Stelle eine Trittspur abzweigt. Sie stößt bald auf die Kehre eines breit ausgebauten Forstwegs. Auch dort links und nun wieder ansteigend zu einem Weidegatter hinauf, hinter dem eine idyllische, kleine Alm steht. Im Lanzental wird der Bach gequert, und gleich darauf geht es nach rechts gegen Westen ein Stück bergauf, durch ein Weidegatter und in kräftigen Buchen-Mischwald. Der Weg weitet sich und führt in schöne Weidehänge hinein. Beim Hof in Obermayrberg stößt man zu einer Straße, der man gegen Süden folgt. Nach wenigen hundert Metern wird die Straße nach links verlassen, um ein kurzes Stück durch den Wald und dann über Wiesen zum Ausgangspunkt zurückzugehen.

54 Hochkalter-Überschreitung, 2607 m

Vom Hintersee durch das Ofental

schwierig

10:30 Std.

1870 Höhenmeter

Schwierigkeit: Anspruchsvolle Bergtour, die beste Kondition, Trittsicherheit, Schwindelfreiheit und Klettergewandtheit erfordert. Schwierigkeit bis zu II+. Weite Strecken sind stark ausgesetzt. Keine Sicherungsanlagen.
Beste Jahreszeit: Hochsommer und zeitiger Herbst, keinesfalls bei Schnee.
Charakter: Im steilen Ofental etwas monotone, aber dann eindrucksvolle hochalpine Bergtour mit langen Felsenpassagen.
Talort: Hintersee (789 m).
Ausgangspunkt: Parkplatz am Eingang zum Nationalpark Berchtesgaden (802 m).
Anfahrt: Busverbindung ab Bahnhof Berchtesgaden. Mit dem Auto von der Autobahnausfahrt Piding über Bad Reichenhall – Ramsau.
Einkehr/Übernachtung: Blaueishütte (1680 m), Schärtenalm (1362 m, nur Einkehr).
Karten: Topografische Karte des Bayer. Landesvermessungsamtes, 1:50 000, Blatt Berchtesgadener Alpen; Kompass-Wanderkarte, 1:50 000, Blatt 14 (Berchtesgadener Land – Chiemgauer Alpen).

Die wilden Felsenberge zwischen dem Wimbachtal und der Grundübelau (dem Tal zwischen Hintersee und Hirschbichl), die den nördlichsten Gletscher der Alpen, den Blaueisgletscher, beheimaten, gipfeln im Hochkalter. Es gibt zwei spannende Routen auf diesen markanten Berg, und beide sind anspruchsvoll. Nur wer eine gute Kondition hat, kann sie zu einer Rundtour zusammenfügen. Selbst bei einer Übernachtung auf der Blaueishütte bleibt die Tour lang und anstrengend. Interessant sind neben den alpinistischen Herausforderungen die Ausblicke, die vom Gipfel auf die Reste des dahinschmelzenden Gletschers und die markan-

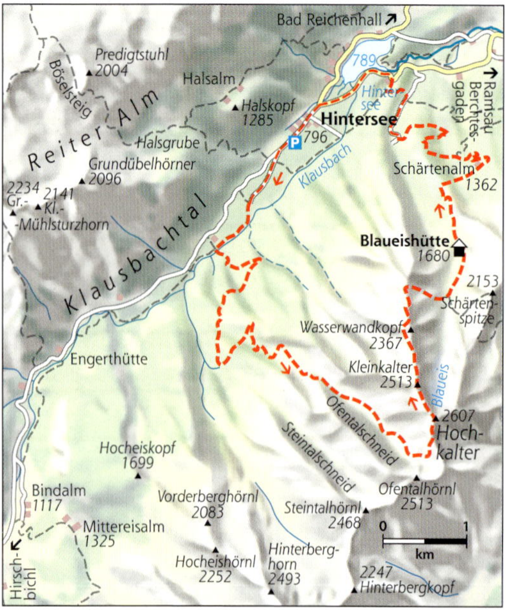

54

ten Berggestalten der näheren Umgebung reichen. Wer steile Wände lieber rauf- als runterklettert, sollte die hier vorgestellte Tour in entgegengesetzter Richtung unternehmen.

Aufstieg: Vom großen Parkplatz südwestlich des Hintersees der Straße Richtung Hirschbichl folgen und bei dem Felsen mit dem eingemeißelten Nationalpark-Emblem nach links abbiegen. Am »Neuen Wanderweg« an der Wildfütterung vorbei und bei der Lahnwaldhütte nach insgesamt 1,5 Kilometern links abzweigen. Über den Klausbach und am Forstweg in den Wald hinein. Er schlängelt sich nach Süden hinauf, dreht nach Südosten ab und führt in das Ofental hinein. Das Tal wird nach oben hin immer karger, und die Felsen fallen zu beiden Seiten immer schärfer aus. Die Vegetation endet ab der Höhe von etwa 1700 Meter, und die markierte Wegspur schwingt sich immer mehr auf.

Mitunter wird man von dem Gefühl begleitet, nach einem Schritt aufwärts drei Schritte abwärts zu rutschen. Irgendwie kommt man aber doch weiter hinauf, und auf der Höhe von etwa 2200 Meter biegt die Spur nach links aus dem Ofental heraus. Sie steigt im feinen, unangenehmen Geröll gegen Osten, später nach Norden zu ein paar Felsenpassagen an, die kräftiges Zupacken verlangen. Man muss nun exakt auf die Markierungszeichen achten, damit man sich nicht versteigt und schließlich in einem Sattel ankommt. Der Weiterweg zum Gipfel verläuft in einem eindrucksvollen Felsenszenario, bis endlich die beiden Kreuze erreicht sind.

Tristes Berggelände am Hochkalter

Abstieg: Die Abstiegsroute fällt deutlich grimmiger aus. Sie verläuft vom Gipfel nach Nordwesten hinab. Immer wieder muss man engen Felskontakt pflegen und auch oft auf- und absteigen. Schließlich führt die Route über den Kleinen Kalter (2513 m), oberhalb der Eisreste des Blaueisgletschers gegen Norden und um den eindrucksvollen Wasserwandkopf (2367 m) herum. Fast schon glaubt man wieder im gemütlichen Wandergelände zu sein, doch wird man unvermittelt eines Besseren belehrt. Der Abstieg fällt nun rund 20 Meter senkrecht ab. Die markierte Route bietet zwar deutliche Griffe und Tritte, jedoch sind diese durch unzählige Besteigungen rund geworden und vom Angstschweiß vieler Bergsteiger abgeschmiert. Zum Spaßen ist dieser Abschnitt also nicht.

Der eigentümliche Wasserwandkopf

Hat man ihn gemeistert, geht es etwas einfacher dahin. Allerdings ist die anspruchsvollste Stelle noch nicht geschafft. Im Sattel auf 2065 Meter muss man rechts abbiegen und kommt an den oberen Rand einer rund 50 Meter hohen Wand. Vorsichtig steigt man zwischen einzelnen Latschenbüschen gegen Osten hinunter und dann durch feines Geröll ins Sumperloch. Dort unten stößt man zum Wanderweg, der von der Schärtenspitze herüberkommt. Auf ihm geht man schön gemütlich zur Blaueishütte. Über Trittstufen von der Hütte durch Lärchenwald gegen Norden hinab und ab der Talstation der Materialseilbahn am schmalen Fahrweg gegen Nordosten etwas auf und ab zur Schärtenalm (1362 m). Hinter der bewirtschafteten Alm, an der Wegabzweigung geradeaus weiter und zu einer großzügigen Forststraße. Auf ihr ein gutes Stück gegen Norden, um auf den markierten Weg links abzuzweigen. Man kommt schließlich zum Parkplatz Seeklause hinunter, von wo es am Wanderweg neben der Autostraße nach Südwesten zum Ausgangspunkt zurückgeht.

Tipp

Da sich auf dieser Tour eine Übernachtung in der Blaueishütte anbietet, bleibt für den zweiten Tag Zeit, noch auf den Steinberg (2065 m) zu gehen oder gar der Schärtenspitze (2153 m) aufs Haupt zu steigen (siehe Tour 55).

Zum Gipfel der Schärtenspitze, 2153 m

55

Im Schatten des Hochkalters

anspruchsvoll

7 Std.

1540 Höhenmeter

Schwierigkeit: Trittsicherheit, Schwindelfreiheit und Ausdauer erforderlich. Am seilgesicherten Steig zur Eisbodenscharte Steinschlaggefahr! Desgleichen beim Gipfelabstieg nach Südwesten.
Beste Jahreszeit: Hochsommer und zeitiger Herbst, nicht bei Schnee.
Charakter: Eindrucksvolle Rundwanderung mit Ausblicken ins Berchtesgadener Land. Imposante Sicht auf die Reste des nördlichsten Gletschers der Alpen.
Talort: Ramsau bei Berchtesgaden (670 m).
Ausgangspunkt: Gebührenpflichtiger Parkplatz bei der Pfeifenmacherbrücke in Ramsau (680 m).
Anfahrt: Busverbindung ab Bahnhof Berchtesgaden. Mit dem Auto von der Autobahnausfahrt Piding über Bad Reichenhall nach Ramsau.
Einkehr/Übernachtung: Schärtenalm (1362 m, nur Einkehr), Blaueishütte (1680 m).
Karten: Topografische Karte des Bayer. Landesvermessungsamtes, 1:50 000, Blatt Berchtesgadener Alpen oder Kompass-Wanderkarte, 1:50 000, Blatt 14 (Berchtesgadener Land – Chiemgauer Alpen).

Genau genommen ist die Schärtenspitze nur eine Erhebung im östlichen der beiden Nordgrate, die sich vom Hochkalter hinziehen. Doch ist die Tour dort hinauf ein recht strammes Unternehmen, das mit dem Kreuz auf der Schärtenspitze auch einen würdigen Höhepunkt findet. Sie führt durch eine beeindruckende Landschaft im Nationalpark Berchtesgaden und ge-

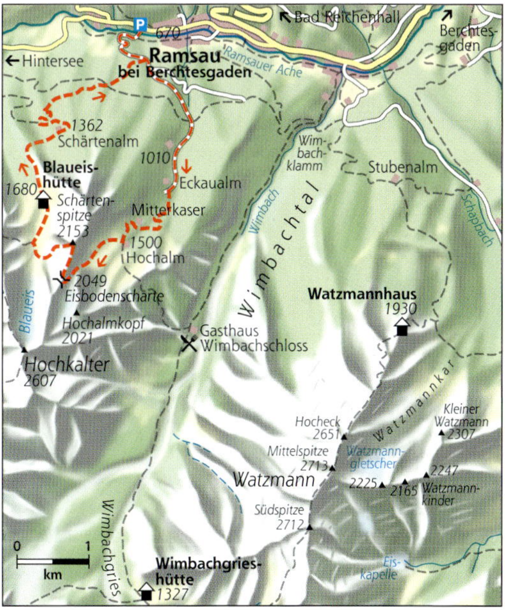

Tipp

Wer steile und ausgesetzte Auf- und Abstiege nicht mag, kann beim Mitterkaser rechts abdrehen und in weitem Linksbogen zur Schärtenalm queren. Die Glanzlichter der Tour werden dadurch allerdings ausgelassen.

Gipfelschau von der Schärtenspitze zum Hohen Göll

währt interessante Einblicke zum Blaueisgletscher und zum Hochkalter mit all seinen felsigen Nachbarn. Und vom Gipfel hat man auch eindrucksvolle Blicke auf die markante Watzmann-Westwand, von der weitaus weniger geredet wird als von der Ostwand. **Aufstieg:** Vom gebührenpflichtigen Parkplatz gleich hinter der Pfeifenmacherbrücke in Ramsau auf der Forststraße zunächst nach Westen hinauf. Durch zwei Kehren gegen Süden und später nach

55

Südosten durch den Zauberwald dahin. Bei der Straßenabzweigung geradeaus und zur Lichtung der Eckau-Alm (1040 m). Nun am Wanderweg in der gleichen Richtung weiter. Zunächst steigt dieser noch gemäßigt an, schwingt sich aber im weiteren Verlauf recht kräftig auf. Im Rechtsbogen am Mitterkaser vorbei und gegen Westen, später wieder nach Süden zur Hochalm (1500 m) hinauf. Anschließend am Steig gegen Südwesten und sehr steil, stellenweise ausgesetzt und am Drahtseil in die Eisbodenscharte (2049 m). In der Scharte rechts abbiegen und am Gratrücken nach Norden zum Gipfelgrat. Kurz vor dem Felsengipfel wieder ans luftige Drahtkabel und zum kleinen Kreuz am höchsten Punkt hinauf.

Abstieg: Nur die allerersten Meter entlang der Aufstiegsroute hinab. Am Gipfelgrat an beschilderter Stelle rechts abbiegen und steil über Felsen, anfangs nach Westen über die steile Schrofenflanke, mehrfach ziemlich ausgesetzt am Drahtseil. Dann durch felsige Hangrinnen nach Südwesten steil hinunter. In der Karmulde unter dem Blaueisgletscher rechts schwenken und gegen Norden zur Blaueishütte (1680 m). Von der Hütte auf steilem Stufenweg in vielen Serpentinen neben einer wilden Felsenwand zur Blaueisstraße hinunter. Gleich neben der Talstation der Materialseilbahn nach rechts auf den schmalen Fahrweg abzweigen und auf ihm ziemlich steil zur Bergwirtschaft Schärtenalm (1362 m) hinab. Am Wirtshaus und der Forstdiensthütte vorbei und an beschilderter Stelle die Blaueisstraße nach rechts verlassen. Am guten, aber steilen Wanderweg in engen Kehren durch dichten Wald gegen Norden hinunter, bis sich dieser zu einer breiten Promenade weitet. Auf ihr nach Nordosten steil durch dichten Wald hinab, an der Wegkreuzung geradeaus weiter und – allmählich spürbar flacher – im Zauberwald zur Fahrstraße, auf der man heraufgekommen ist. Auf ihr zum Pfeifenmacher-Parkplatz zurück.

Bei der Eisbodenscharte

Absturzgefahr 14
Achenwald 87
Aiblinger Hütte 117
Almparadies Gaistal 48
Almwege 7
Alpasteig 151
Alpbach 122
Alpenrosen 26
Alpine Ausrüstung 11
Alpines Notsignal 15
Althüttenboden 33
Ankerstube 112
Arzmoosalm 119
Aueralm 108
Auf der Schnippe 21
August-Schuster-Haus 40
Aurach 115
Aurachtal 114
Ausrüstung, alpine 11

Bäckenalmsattel 27
Bad Kissinger Hütte 24
Bärenfleckhütte 66
Bauer in der Au 110
Baumgarten 81
Baumoosalm 131
Bekleidung 9
Benzingalm 114
Benzingerspitz 115
Bergrettung 15
Bergsturz 7
Biberwierer Scharte 46
Birkenstein 116
Blaueisgletscher 152
Blaueishütte 157
Blitzschlag 14
Botzeck 110
Brandelberg 134
Branderalm 138
Breitenstein 116
Buchau 101

Coburger Hütte 47
Cordial 97

Dachsteinkalk 145
Dalfazalm 100, 101, 104
Dalfazer Kamm 103
Dalfazer Rosskopf 104
Dalfazer Wasserfall 101, 104
Dandlalm 139
Dollmannsbach-Forststraße 86
Droadn 131
Dürrachbrücke 82
Dürrachklamm 78
Dürrachstausee 80
Dürrachtal 78, 84
Dürrachtalstraße 80
Dürrnberg 83
Dürrnbergjoch 83

Eckau-Alm 157
Einkehrmöglichkeiten 8
Eisbodenscharte 157
Eiskönigalm 81
Eiskönigbach 80
Ellmau 56
Elmautal 37

Fahrriesbodenkapelle 141
Falkenalpe 21
Falkenhof 46
Falkenmoos 88
Falkenmoosalm 88
Fallmühle 22, 24
Feichtenalm 135
Felderer Tal 48
Feldernjöchl 49
Fellalm 133
Fischbachau 116
Fleece 9
Fleischbank 75
Fockenstein 108
Föhn 12
Forsthaus Aquila 80
Frauenalpkopf 57
Friederberg 37
Fuggerangeralm 76

Gaismoosbach-schlucht 98
Gaistal 48
Gaistalalm 53
Gaistalstraße 52
Ganghoferhaus 53
Ganghoferweg 52
Gasthaus Marie 85,87
Gefahren 13
Geierstein 108
Geißtal 66
Geitau 115, 121
Geitauer Alm 115
Getränke, isotonische 11
Gewitter 12
Gfasskopf 98
Grasbergjoch 80
Graswang 37
Griesen 35
Gröbner Alm 93
Gröbner Hals 93
Großes Häuselhorn 148, 149
Großtiefenthalalm 121, 122
Großzemmalm 89
Grundübelau 152
Grundübelhörner 148
Guffertstein 94
Gunzesrieder Tal 18
Gurnwandkopf 138

Hainbach 136
Hammersbach 55
Handy 11
Häselgörbach 33
Heidelbeerkopf 21
Heimgarten 66, 68
Heimjoch 80
Hemermoosalm 53
Hennenkopf 41
Herzogstand 68
Hinterriß 73
Hintersee 152
Hirschberghaus 111
Hirschbichl 152
Hirschgundalpe 19
Hochalm 55, 157
Hochgscheid 149
Hochgscheidsattel 149
Hochkalter 145, 155
Hochkienbergalm 138
Hochplatte 89
Hohe Munde 46
Höhenmesser 11
Hoher Brand 35
Hörndlalm 139
Hubschraubereinsatz 15
Hundsstall 71

Innerwald 136
Inzeller Kienberg 140
Isarwelle 108
Ischbachalm 70
Isotonische Getränke 11

Jachenau 106
Jackelberg 119
Jackelberger Alm 119
Jäger von Fall 77
Jägerkamp 114
Jägersruh 72
Jägersteige 8
Juifen 88

Kafelkamm 88
Kälberalpgraben 40
Kämikopf 58
Karwendelspitze, östliche 73
Käserwand 118
Kesselalm 117
Kesselwand 26
Klais 58
Klausenberg 134
Klausenhütte 135, 136
Kofel 42
Köglalm 97
Kolbenalm 42
Kolbenbahn 42
Kompar 80
Kompass 11
König Ludwig II. 56
Kotalmtörl 101
Kotgraben 36
Kotzen-Niederalm 78
Kratzer 111
Kräuterbach 66
Kreuzeck 55
Krottenthal 115
Krün 71
Kühalm 39, 62
Kühtalei 101
Kuppelalm 81

Lacheralm 118
Lacherkar 118
Lahnwaldhütte 153
Lakaiensteig 71
Lange Rinne 25
Lanzental 151
Leitenbach 53
Lerchkogelalm-Niederleger 79

Linder 38
Linderhof 26, 39
Lösertaljoch 27
Ludernalm 79
Luderwände 79
Luxeggalm 94

Marbichler Spitze 89
Mariandlalm 128
Marienberg 47
Marlkopf 93
Mayrbergscharte 149
Meirtljoch 32
Miesingsattel 122
Mitterkaser 157
Möselgratl 64
Mühlbach 46
Murzsturzhörner 148

Nagelfluh 18
Naidernach 36
Nationalpark 153, 155
Nesselalm-Jagd- und Diensthütten 129
Nesselberg 129
Nesseltal 128, 130
Neunerbrücke 73
Niederhofer Alm 124
Niggeln 107
Notruf 15
Notsignal, alpines 15

Ober-Arzmoosalm 120
Obere Trockenbachalm 128
Obere Wilhelmine Alpe 19
Obermayrberg 147, 148, 151
Ochsenängerle 28
Ofental 152
Ostertal 138
Ostlerhütte 25
Östliche Karwendelspitze 73

Pletzboden 80
Prinzregentensteig 37
Pürschling 39, 42
Pürschlinghaus 39
Pustertal 62
Pustertal-Jagdhaus 63

Ramsaudolomit 143
Rauheck 110
Rauschberg 142
Reiteralm 148
Rether Joch 90
Rether Kopf 90
Rochuskapelle 46
Roggentalgraben 29
Rohntal 73
Rohntalalm 74
Rosengasse 131
Roßgasse 151
Roßkopf 112, 113
Röthelmoos 139
Röthelmoosalm 138
Rothkopf 113
Rotmoosalm 37, 45, 53
Rotspitz 105
Ruchenköpfe 122, 123, 124
Ruhpolding 142

Sägertal 26
Sandbichler Alm 124
Schachenhaus 56
Schachentorkopf 56
Schachenwald 56
Schafelsteig 149
Scharling 110
Schärtenalm 155
Scheffsnother Alm 147
Scheinberg 27
Scheinbergspitze 27
Schelllaine 35
Schellschlicht 34
Schlafende Hexe 143
Schmelz 142
Schneegrube 151
Schnippenkopf 21
Schnittlauchmoosalm 115
Schoberweißbach 147
Schoißeralm 131
Schönalm 76
Schönalmgraben 76
Schönalmjoch 75
Schönfeldalm 127
Schöngänge 54, 55
Schönjöchlalm 98
Schulterbergalm 85
Schulterbergalm-Hochleger 86
Schürpfeneck 82, 83
Schürpfengraben 83
Schützensteig 28
Schwärzerkar 47
Schwarzraingraben 66
Schwarzwand 109
Schweinsteiger Alm 118
Schwierigkeitsstufen 13
Seehaus 138
Seehauser Kienberg 137
Seeonalm 131
Signalraketen 11
Sillbergalm 124
Sillberghaus 124
Simetsberg-Diensthütte 69
Siplinger Nadeln 19
Soiernhaus 70, 72
Soinalm 124
Soingraben 124
Soinsee 121, 122
Söllbachtal 110
Sonnenkopf 21
Spitzingsee 112, 114
Spitzsteingipfel 134
Staffelalm-Hochleger 107
Staffelgraben 107
Stegerwald 55
Steilegg 76
Steilner Joch 131
Steinacher Achen 25
Steinberg 94
Steinerne Agnes 143
Steinerner Hütt'l 50, 53
Steinernes Törl 101
Steinplattlweg 107
Steinschlag 14
Steintraithen 131
Stepbergalm 44
Stierschlaghütte 79
Stoanige Manndl 104
Stolzenalm 112
Stubaalm 95
Stuibensee 55
Stümpfling 112
Stümpflinghaus 113
Sutten-Skiabfahrt 113

Tagweidkopf 118
Tanzeck 115
Teisslalm 101, 104
Tiefental 88
Tillfußalm 49, 53
Tormetzanger 33
Tortal 73
Tortal-Hochleger 74
Tortal-Niederleger 74
Traunsteiner Hütte 149
Trockenbachtal 129
Trockenletten 133

Ucheralm 116
Uchrain 66
Überanstrengung 14
Unfallmeldung 15
Unter-Arzmoosalm 120
Unterautal 93
Unterberger Joch 131
Untere Suttenalm 113
Unteres Saalachtal 146
Ursprungbach 127
Ursprungtal 123, 131
UV-Strahlung 10

Valepp 112

Wagendrischlscharte 150
Walchensee 68
Waldhäusl 94
Watzmann 145
Wechten 14
Wendelstein 116
Wetter 12, 14
Wettersteinalm 56
Wettersteinwald 56
Wetterstürze 13
Wiesenheim 46
Wildalmjoch 118
Wildpfade 8
Wilfetsgraben 107
Winklstüberl 116
Wirthsalm 124

Zauberwald 157
Zenokopf 142
Ziegspitz 45

Siegfried Garnweidner hat es von seinem Wohnort Baierbrunn bei München nicht weit ins Gebirge. In seiner Freizeit hat er sich ganz den Bergen verschrieben, die er zu allen Jahreszeiten mit Wanderstiefeln, dem Mountainbike und Skiern besucht. Er ist ständiger Mitarbeiter der Zeitschrift »Bergsteiger« und Autor verschiedener Bergbücher und Tourendisks. Im Bruckmann Verlag sind bis jetzt zahlreiche Bücher zu Thema Wandern und Skitouren erschienen.

Ein kostenloses Gesamtverzeichnis erhalten Sie beim
Bruckmann Verlag
D-81664 München

www.bruckmann.de
www.bergsteiger.de

Lektorat: Solveig Michelsen, München
Layout: BUCHFLINK Rüdiger Wagner, Nördlingen
Kartografie: Christian Rolle, Umweltkartografie und Geoinformationstechnik, Holzkirchen
Repro: Scanner Service S.r.l.
Umschlaggestaltung: Thomas Fischer unter Verwendung eines Fotos des Autors
Herstellung: Thomas Fischer

Alle Angaben dieses Werkes wurden vom Autor sorgfältig recherchiert und auf den aktuellen Stand gebracht sowie vom Verlag geprüft. Für die Richtigkeit der Angaben kann jedoch keine Haftung übernommen werden. Für Hinweise und Anregungen sind wir jederzeit dankbar. Bitte richten Sie diese an:
Bruckmann Verlag
Lektorat
Innsbrucker Ring 15
D-81673 München
E-Mail: lektorat@bruckmann.de

Bildnachweis: Alle Abbildungen stammen vom Autor.
Umschlagvorderseite: Einmalige Karwendelschau vom Altjoch (beim Ausstieg zum Schönalmjoch)
Umschlagrückseite: Auf dem Kotzen
Seite 1: Vom Südwandsteig (Wettersteingebirge) zeigt sich die Mieminger Kette besonders markant.

Die Deutsche Bibliothek – CIP-Einheitsaufnahme
Ein Titeldatensatz für diese Publikation ist bei der Deutschen Bibliothek erhältlich.

Printed in Italy by Printer Trento S.r.l.
ISBN 3-7654-4116-3